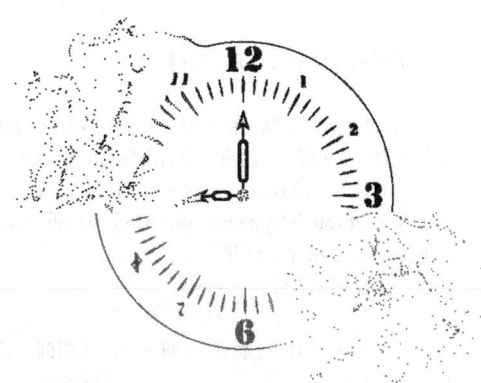

MASTER YOUR TIME, MASTER YOUR LIFE
The Breakthrough System to Get More Results,
Faster, in Every Area of Your Life

掌控生活，
从掌控时间
开 始

［美］博恩·崔西（Brian Tracy）◎著

刘思遥◎译

中信出版集团｜北京

图书在版编目（CIP）数据

掌控生活，从掌控时间开始 /（美）博恩·崔西著；刘思遥译 . -- 2 版 . -- 北京：中信出版社，2024.7
书名原文：Master Your Time, Master Your Life: The Breakthrough System to Get More Results, Faster, in Every Area of Your Life
ISBN 978-7-5217-6535-9

Ⅰ.①掌… Ⅱ.①博… ②刘… Ⅲ.①时间－管理 Ⅳ.① C935

中国国家版本馆 CIP 数据核字 (2024) 第 099776 号

Master Your Time, Master Your Life: The Breakthrough System to Get More Results, Faster, in Every Area of Your Life by Brian Tracy
Copyright © 2017 by Brian Tracy.
Original English language edition published Tarcher Perigee.
Copyright licensed by Waterside Productions, Inc., arranged with Andrew Nurnberg Associates International Limited.
Simplified Chinese edition copyright © 2024 by CITIC Press Corporation. All rights reserved
本书仅限中国大陆地区发行销售

掌控生活，从掌控时间开始

著者：[美] 博恩·崔西
译者：刘思遥
出版发行：中信出版集团股份有限公司
（北京市朝阳区东三环北路 27 号嘉铭中心　邮编　100020）
承印者：北京通州皇家印刷厂

开本：880mm×1230mm　1/32　印张：6.25　字数：102 千字
版次：2024 年 7 月第 2 版　印次：2024 年 7 月第 1 次印刷
京权图字：01-2017-5432　书号：ISBN 978-7-5217-6535-9
定价：48.00 元

版权所有·侵权必究
如有印刷、装订问题，本公司负责调换。
服务热线：400-600-8099
投稿邮箱：author@citicpub.com

目　录

引言　不同种类的时间 / 001

　　你的生活质量 / 003

　　停下来，进行思考 / 004

　　你的选择和决定非常重要 / 005

第一章　战略规划与目标设定的时间 / 007

　　1% 的精英与 99% 的普通人 / 010

　　条理清晰至关重要 / 011

　　反省自己 / 012

　　做你真正热爱的事 / 013

　　个性化的战略规划 / 014

　　第一代致富 / 015

　　倾听自己的声音 / 016

　　智力因素 / 017

一种行动方式 / 018

目标的制定与实现准则 / 020

把目标写下来 / 021

你想什么时候实现目标 / 022

将思考落实到纸上 / 022

以行动为导向 / 023

百万富翁养成计划 / 027

第二章 生产时间——完成更多的工作 / 029

你的个人品牌 / 032

热情和能力是必不可少的 / 033

一种严重的流行病 / 034

你的职场 / 035

职场 / 036

电子邮件病 / 037

工作时间 vs 游戏时间 / 038

当你开始工作了,就只工作 / 039

专注和专心 / 040

巨大的好处 / 041

感觉自己像个胜利者 / 042

让工作时间更有效率 / 042

第三章　收入增长的时间 / 051

升值还是贬值 / 054

技能过时 / 054

终身学习者 / 055

识别你最重要的技能 / 056

神奇的数字 / 057

将自己看作自雇人员 / 058

你就是总裁 / 059

什么决定了你的收入 / 060

大自然是中立的 / 061

考虑结果 / 062

制订计划，追求个人卓越 / 064

第四章　空闲时间 / 067

生活的副产品 / 070

你自己的副产品 / 071

成为高收入者 / 072

我自己的故事 / 073

为自己设定一个清晰的目标 / 074

持续学习和成长 / 075

第五章　工作时间 / 077

将基本要素做到极致 / 080

七大浪费时间的因素 / 081

四种类型的决定 / 091

一次只做一件事 / 092

第六章　创意时间 / 095

价值 10 亿美元的创意 / 098

采取行动的重要性 / 099

你是一个潜在的天才 / 100

创造力的类型 / 101

是什么阻止了你 / 101

未能走出舒适区 / 102

习得性无助 / 103

恐惧阻碍你前进 / 104

问正确的问题 / 105

分析你的假设 / 106

挑战你的假设 / 107

解放你的创造性 / 108

在纸上进行构思 / 109

解决任何问题 / 110

你的超级意识 / 111

激活你的精神力量 / 112

思维风暴 / 113

继续写下去 / 115

头脑风暴 / 115

五步创造性思维流程 / 117

第七章　解决问题和做决定的时间 / 121

普适的法则 / 123

依据行动来思考 / 124

约束理论 / 126

对约束进行质疑 / 126

假设总有一个解决方案 / 128

专注于解决方案 / 129

伟大的突破 / 130

扩展你的定义 / 131

再论思维风暴 / 131

500% 的提高 / 132

分配责任 / 133

彼得定律 / 133

你解决问题的能力 / 134

以解决方案为导向 / 135

第八章　社交和家庭时间 / 137

平衡是至关重要的 / 140

存乎中，形于外 / 141

想象你的理想生活 / 142

让你的关系井然有序 / 143

真正重要的是什么 / 144

与你的家人充分在一起 / 144

信任和喜爱度 / 145

社交关系中的说服力 / 148

成功的好处 / 153

一个简单的事实 / 154

伟大的教训 / 155

第九章　休息和放松的时间 / 157

知识工作的本质 / 159

你的大脑像一节电池 / 160

多巴胺的危险 / 161

将休息设置为优先考虑的事情 / 163

为走得更快而慢下来 / 163

违反帕金森定律 / 164

为自己设定最后的期限 / 165

守安息日 / 166

不允许有例外 / 167

一个性格测试 / 168

做富人做的事 / 169

缺少睡眠会伤害到你 / 169

改变你的生活 / 170

保证你的假期质量 / 172

让休息和放松成为一种生活方式 / 173

家庭度假 / 174

提前安排好假期 / 174

第十章　安静的时间 / 177

精神发展 / 179

精神发展的运用 / 180

正念让事情变得简单 / 181

记住你自己 / 182

日常生活中的正念 / 183

练习用正念来解决问题 / 184

思考水 / 185

冥想的练习 / 186

巨额回报 / 187

总结 / 189

引言　不同种类的时间

> 你热爱生命吗？那么就不要浪费时间，因为生命是由时间组成的。
>
> 本杰明·富兰克林
> （Benjamin Franklin）

我们正处在一个黄金时代。如今，我们拥有更多的机会去做更多的事，实现更多的理想，这在人类历史上可是史无前例的。

现代医疗和健康服务等方面的进步，延长了人类的寿命。现在，人们活到八九十岁已经不是梦，甚至活到一百岁也不足为奇。这意味着，你会比你的父辈、祖辈活得更久，生活质量也会更高。

然而，即使你有这些可以获得成功、享受更多人生与幸福的机会，你仍会陷入和大多数人一样的困境：想做的太多，时间却太少。

造成这一结果的原因是，随着信息、技术的爆炸式发展以及竞争的日趋激烈，你的计划永远赶不上变化。

今天，我们需要换一种思维来探索有关时间的问题，特别是关于我们生活中的时间划分问题。

我们发现，你如果想从你所做的每件事中都得到最佳结果，那么要采取不同的方式，合理分配生活中各项活动和职责的时间。

你需要一种时间来确立人生目标，想清楚自己到底想从生活中得到什么，你需要另一种时间来设置优先事项，把精力放在高价值的工作上，并将工作做好。

你需要时间来和别人互动、交流、谈判以及管理团队。同样，你也需要时间和家人以及其他与你有重要关系的人一起待在家里，共度时光。

这些不同种类的时间就像油与水一样，它们不会很和谐地"相处"。

任何在错误的地点使用错误时间类型的尝试，都会让你遭受挫折与失败，工作效率也会降低。

你的生活质量

你的生活质量在很大程度上取决于你的时间管理质量。然而，时间管理实际上是一种个人管理，一种生活管理。这是你对自己的管理。如果你不能合理地管控自己的时间，那么你也很难管理好生活中的其他事情。

幸运的是，世界上那些最富有、最成功的人士和你一样拥有由24小时组成的一天。成功人士与失败的人的区别是，前者会以一种更好、更有效的方式利用时间，这使得他们在只有较少潜能和机会的时候，也能完成比其他人多得多的工作。

不管是在开展一项工作前，还是在工作进行中，你最值钱也最重要的技能就是思考的能力。能分得清首要工作和次要工作，是一种思考能力的体现。

心理学家表明，你拥有自尊的程度（即你有多爱、多尊重自己），是衡量你在生活各个方面有多幸福的关键因素。获得高度自尊心的关键在于你的自我效能感。自我效能感是一种你能掌握自己命运、实现目标、完成工作、达到别人对你的期许以及得到自我肯定的自信。

你最值钱的资产是你的赚钱能力。这是一种人们愿意为你支付报酬的能力。你的赚钱能力在很大程度上也取决于你在工作时以及工作前后的时间使用能力。

托马斯·爱迪生曾说道:"思考是世界上最难的工作。这也是大多数人宁愿去死,也不愿动脑思考的原因。"

你思考时间的方式以及你可以使用时间的多种可能方法,在很大程度上决定了你生活方方面面的效率与质量。

停下来,进行思考

大多数人在生活中都处于一种"被动反应模式"。当周围有事发生的时候,他们会下意识、不假思索地马上做出回应,成为那个时刻的奴隶,或者被手机和电脑的提示音控制。

完全掌控时间与生活的关键是你在做出回应之前,停下来,进行思考。你需要辨认出每一时刻所需要的不同种类的时间和行为,然后视情况做出合适的回应。

英国历史学家阿诺德·汤因比(Arnold Toynbee)曾以他的 12 册巨著《历史研究》(*A Study of History*)受到全世界的关注。这一系列巨著对 2 500 年以来的 23 种文明和帝国的兴衰进行了研究。汤因比发现,任何一个帝国从兴起到衰落都在一个可预测的周期里。

汤因比提出了"挑战与应战"的史学理论。汤因比认为,任何一种伟大的文明起初都是不起眼的,它们刚开始可能只是一个小部落或小村落,这些小部落和小村落不断积极地应对外界的挑战，包括其他部落的挑衅，以及人类其他敌人的侵袭。这样，一个势单力薄的部落通过不断地积极应战，变成一个族群，而族群继续发展壮大，直到统治了一大片陆地。

例如，蒙古汗国就是世界史上国土面积最大的王国。在被其他蒙古族部落打败以后，蒙古乞颜部只剩三个人：铁木真、他的妈妈诃额仑以及他的弟弟。铁木真起于卑微，后来却成为"最伟大的战士"——成吉思汗，将蒙古汗国的疆域从日本海部分海岸线、印度、俄罗斯的一大部分以及中东，一路拓展到地中海和多瑙河流域。

你的选择和决定非常重要

"挑战与应战"理论不仅适用于帝国与文明，还适用于你和你的生活。如果你能积极地去应对日常生活和工作中不断出现的挑战，那么你的头脑就会越来越灵活，个人能力也会得到提升，从而充分开发自我潜能。

最重要的是，不论是想实现短期目标还是长期目标，你应对日常生活中那些不可避免的难题与挑战的方式至关重要。这被称为你的反应能力。对不间断的困难与挑战做出积极回应的能力，取决于你的时间管理能力。

在本书中，你将会学到一系列关于时间使用的最优方法以及时间管理法则；与此同时，你还会学到一些已被世界上最成功、最幸福的人士亲身实践过的时间管理技巧与战略。

在你亲身实践了本书所提供的时间管理方法与技巧以后，你就能完全掌控自己的时间与生活。而且，在一两年内，你将会取得大多数人要用几十年甚至一生才能取得的成就。

当你开始对自身现状进行更多的思考，并学习到最有效方法——在不同的时间，对不同的事，用不同的处理方法——的时候，你就能更清晰地思考，也就能更加自信地面对生活中的各种挑战。

| 第一章 |

战略规划与目标设定的时间

> 目标明确是人们获得成功的必备品质,要知道自己想要什么,并且以强烈的愿望努力实现目标。
>
> ——拿破仑·希尔
> (Napoleon Hill)

那些用于思考、决策以及规划如何实现人生目标的时间,是最重要的时间类型之一。

最浪费时间的做法莫过于生活中没有清晰、明确的目标。有不少人在最年富力强的时候忙于应付身边发生的琐碎小事,忙于为他人实现目标,却没有花时间弄清楚自己真正想要的是什么。

俗话说得好:"在做任何事情之前,你必须提前做一些工作。"

在你的人生扬帆远航之前,你必须明白自己的终点在哪里。值得庆幸的是,如今人们可以实现目标的机会是前所未有地多,但只有你自己能决定想要什么。

为何会产生富裕与贫穷的差别?原因之一便是85%的富人总是会设立一个不断为之奋斗的大目标,而只有3%的穷人会设立大目标,并且他们只是偶尔为自己的目标努力一下。

1%的精英与99%的普通人

今天，人们对于前 1% 的精英与剩余其他人的差异存在着很大的争议。有一种论调认为，前 1% 的社会精英所占有的财富，比其余所有人的财富之和还要多。然而，这个数值是不准确的。

真正的差异实际上存在于前 3% 和其余 97% 之间，因为大部分人都是或几乎是白手起家，所以真正的问题应该是，"这 3% 的人也是白手起家，他们是如何在一两代人的时间里变得如此成功的呢？"

答案显而易见。社会中前 3% 的那部分精英每天都有清晰的、写在纸面上的目标和计划。他们非常清楚自己是谁、想要什么，并且拥有坚定的前进方向。他们拥有一张蓝图、一张地图来指引自己更快、更准确地得到诸如健康、幸福、财富以及大多数人终其一生想要得到的那种成功。

正因为拥有清晰的书面目标，他们会比大多数人节约更多的时间。通常情况下，在两个智力水平相同，拥有同等学历的人中，那个拥有清晰目标和计划的人，可以获得和积累的是另一个人的 10 倍。

条理清晰至关重要

有这样一则故事。曾经有一个猎人走到树林边，他闭上了双眼朝树林深处开枪。然后，他转身对旁边的朋友说："我真希望能有好事发生！"

生活中有很多人都在这样生活。他们漫无目的地生活着，盲目地去追求，却很少有收获。大多数人都在迷茫中度过每一天，他们尽了自己最大的努力，然后盼着好事会自己找上门。但这种"期盼"并不是一种人生战略，它可能是引发失败甚至灾难的"毒药"。

如果你想最大化地利用自己的时间，尽可能享受财富和成功所带来的高质量生活，那么你需要定期花费时间来思考目标，尤其是当你经历动荡和突变时，更应如此。你需要成为一个彻头彻尾的目标导向者。设立目标，制订计划，让你想做以及正在做的事情变得系统化，这是时间管理中最重要的手段。

在你确立目标和制订个人战略规划的时候，你需要停下脚步，抽出时间，远离一切会干扰你的事物。接着，你要思考一系列重要的问题，来确保你现在表里如一，所做之事正是内心所想的。

反省自己

在你确立目标的时候,你问的第一个问题便是:"我是谁?"你对这个问题的回答,反映了你的自我认知情况。因为你的外在行为表现与你看待自己内心的行为是一致的。你对这个问题的思索与回答,会让你更加了解自己。

在古希腊德尔菲的阿波罗神庙里,有一句著名的碑文——人类,认识你自己。这是人类智慧的起点。

苏格拉底曾说:"未经反思的生活不值得过。"除非你能定期挤出时间来检查一下自己的生活,确保你的目标明确,未曾改变,否则,你将会成为那种"被动反应者",行为鲁莽不说,你的生活还会被别人的节奏打乱。

在进行目标分析之前,你需要意识到,你就是独一无二的,是可以成为一个非凡的人的。这个世界上没有也不会再有和你完全一样的人:做你自己。其他人已经有人做了。

你是一个复杂且特殊的集合体,你有知识、经验、学历、天赋、能力、兴趣、情绪、欲望和恐惧。此外,自你出生起,你就经历着一系列复杂的人生事件,正是它们塑造了你,让你成为真正的自己。

你拥有特殊的优势与才能,你与生俱来就特别擅长做某件事,也许是好几件事。你对自己、对他人最负责的做法就是弄清自己的优势,来完成自己的"人生使命"。你必须清楚自己的愿景、人生目标及内心的渴望。

做你真正热爱的事

在生活中,你做得最棒的事之一就是找到你真正热爱的事,并全身心地投入进去,把这件事做到登峰造极的程度。

纵观成年以后的生活和职业生涯,你会发现,你需要不断地提出问题,也在不断地解答疑惑。随着时间的推移和阅历的增加,你的答案也应发生变化。你每次解惑的时候,一定要记住当时的答案,你一旦掌握了更多的信息,就必须主动去更改答案。

就此开始,设想自己无拘无束。想象你可以挥舞神奇的魔杖,让自己生活的方方面面都完美无瑕。问问你自己以下三个问题。

(1)我真的想要一个什么样的人生?
(2)我真的、真的想要一个什么样的人生?
(3)我真的、真的、真的想要一个什么样的人生?

当你问第三个问题的时候,用"真的、真的、真的"来回答才是关键。它会迫使你深入挖掘自己的内心,越过有关金钱和成功的肤浅答案,找到你一直追寻的关于生命的真谛。

个性化的战略规划

那些成功的公司不惜注入大量的时间和金钱去发展商业战略规划。这些经过深思熟虑而制订的目标与规划会让它们在日趋激烈的竞争市场中取得更大的成功，获得更多的利益。

你也需要一个战略规划，一个个性化的战略规划，以确保你能在最短的时间里取得最佳成果，让自己在人生旅途中的犯错概率降到最低。

个性化的人生战略规划主要涉及以下四个基本问题，你要定期向自己提出这些问题。

（1）我现在处于人生中的哪一阶段？迄今为止，我都获得了哪些成就？我目前的身价是多少？我的家庭生活是怎样的？我的身体状况怎么样？

（2）我是如何一步步走到今天的？过去我所做的哪些抉择导致了如今的生活？迄今为止，让我获得成功的最主要原因是什么？让我遭受挫折的原因是什么？

（3）我未来的方向是怎样的？假设你的未来非常美好，五年以后，你在人生中各个方面都取得了成功，那会是什么样子的？和你现在的生活相比，那会有什么不同？

（4）我要怎样通过现在的状态得到我想要的未来？从今

天起，我要做哪些改变，才能创造一个美好的未来？

清晰的思路是你最好的朋友。制订个性化的战略规划，首先，你需要确立明确的目标并记下来；其次，你要仔细研究为了实现目标而可实施的各种各样的战略。

多数人都想通过做自己喜欢的事来赚大钱，最终实现财务自由。但实际上，只有很少一部分人实现了这个共同的目标。这是为什么呢？

第一代致富

仅在美国就有超过1 000万个百万富翁，他们中的80%都是白手起家。世界上大约有2 000个亿万富翁，他们中的60%也是白手起家。这些人在一开始一无所有，但他们最晚都在职业生涯结束之前取得了经济上的成功。为什么这个人就不能是你呢？

你可以通过很多方式来实现高收入的目标，进而实现财务独立，甚至成为富人。

实现经济成功的一条捷径就是拥有企业家精神，这是一种开创属于你自己的成功事业的能力。和过去相比，你在今天更容易创业，也更容易开始提供一件产品或者服务。你可能只用了不到24个小时，就注册了一家公司，创建了网站，开始进行业务上的输出。

很多人没有选择自己创业，而是在其他公司工作，但因其专业性而成为各自领域里的"领头羊"，他们得到很可观的报酬，也实现了财务自由。这些人为其他人工作，多年来不断得到升迁，赚到越来越多的钱。

基本上，大约 10% 的百万富翁都是专业性人才，比如医生、律师、建筑师、会计师以及工程师等。长期以来，他们一直兢兢业业、出色地完成工作，在业界赢得了好名声，最终拿到了高薪。

你可以选择走企业家道路，进行创业，也可以选择为其他公司工作，尤其是那种有巨大潜力的初创企业。你可以让自己变得专业，成为所在工作领域里的佼佼者。你能用很多不同的方式来获得巨大的成功。

倾听自己的声音

根据自己的个性、掌握的技能、脾性与爱好，你可以选择一条最适合自己的道路。值得高兴的是，世界上没有固定的"最好"方法。数百万人通过为他人工作或做一些专业化工作（也可能两者都有），维持一个良好的经济状况。有的人通过经商或作为掌握多种技能的企业领导者而成功；有的人会同时做几份工作，他们在自己创业的同时，也利用自己的专业技能为他人提供付费服务或产品。

只要你目标明确，你大概就成功95%了。不论你拥有何种条件，处于何种环境，只要你对自己有明确的定位和目标，你就比其他人更容易取得成功。

托马斯·卡莱尔（Thomas Carlyle）曾说："一个没有目标的人，就算他走的是平坦的道路，也无法让自己勇往直前；相反，一个拥有明确目标的人，即使他行进的路途充满了坎坷，依然能坚定地朝着目标前进。"

当停下脚步，花时间思考你真正想要什么以及如何得到它时，你可以为自己节省数年大费力气、徘徊不定却鲜有进展的时间。勇敢地放下过去所犯的错误，更多地关注未来吧！正如一句土耳其谚语所说的那样——不管在错误的道路上走了多远，你都必须回头。

智力因素

西方幽默大师乔希·比林斯（Josh Billings）说："给一个人造成伤害的并不是他的认识，而是他的错误认识。"

当我还是个孩子的时候，老师和父母不厌其烦地对我说，如果我的学习成绩不好，不能顺利地从高中毕业，考不上大学，我就不会有一个成功的人生。我曾经相信他们的话。然而，我高中没毕业就辍学了，于是我听从了命运的安排，开始从事简单的劳动工作。在接下来的几年，我刷过盘子，挖过井，在锯木厂和小工厂里工作过，有时我只能在车上过夜。

终于，在沮丧中，通过观察身边所有的成功人士——他们中的很多人甚至比我年轻，我开始怀疑我对成功与失败的看法。我试着问自己："为什么一些人会比其他人更成功呢？"

我所找出的答案让我大吃一惊。我发现，成功与高学历、高智商、好成绩、有一个富裕的原始家庭以及天赋的关系并不大。

大家普遍认为，高智商是所有领域中的成功人士必备的重要特质。然而，大量的研究表明，许多成功人士并没有超乎常人的智商，他们在读书的时候也没有取得高分。他们只是拥有高于平均水平的智力，但还远远不是天才。

一种行动方式

专家推论说，智慧的外在表现与其说是好成绩和高智商，不如说是"一种行动方式"。那么，充满智慧的行动方式是什么样的呢？答案其实很简单：当你正在做的事情可以让你离自己所设定的目标更近的时候，你的行动就是充满智慧的。反之，每当你做一些对你的目标没有任何推动作用的事情的时候，你就是缺乏智慧的。

我在做讲座的时候，教给在场的所有人一个简单的诀窍，我保证这将会使他们的收入翻番。我称之为 A/B 法。

以下是 A/B 法的操作步骤。把所有的任务和活动划分为两类，分别为 A 类任务和 B 类任务。A 类任务是那些可以促使你更接近真心想要完成的目标的事情。这些目标类似于在你所处的领域里获得成功，赚更多的钱，享受更多和家人、朋友共处的时间，以及拥有一个完全健康的身体。

B 类任务是那些并不会促使你实现目标的事情，甚至它们可能会让你远离目标。

一个改变人生的法则就是：只做 A 类任务。

严格要求自己只做那些可以让生活充实、效率提高的事情，会让你有一种在逐步向目标前进的感觉，同时会让你觉得自己正在变成自己想成为的那个人。

这个简单的战略可以使你在接下来的几个月乃至几年的时间里，让自己的工作效率、绩效和成就提高一倍甚至两倍。

最重要的是，当你在为首要目标而努力时，你会有一种胜利感，这种感觉会让你更快乐、更满足。你的自尊心将会得到提高，你将会享受高度的自尊与骄傲。

而且，当你正在努力完成首要任务和目标的时候，你会获得周围人对你的尊敬、认可以及赞赏。很快，你就会成为圈子中最有价值的人物之一。

目标的制定与实现准则

这里有一种简单、易操作且非常有效的"目标实现七步法",或者可以称之为秘诀,你可以用余生来学习和实践它。我曾给100多万人讲过这个法则,他们遍布美国、加拿大以及其他72个国家。多年以来,无数人来找我或者给我发邮件,他们一次又一次地说着同样的话:"你改变了我的人生,让我变得富有。"然而,使他们成功的不是别的,正是目标。

第一步:考虑好你到底想要什么。大多数人从来没有做到这一点。你所设定的目标应该足够清晰,清晰到你可以向一个6岁的孩子去阐述它,而这个孩子还能准确地向其他同龄孩子进行阐述。并且,他还能够讲出你离目标到底有多远。达到这一点,你的目标才足够清晰、简单。

人们常犯的一个最大的错误就是,他们以为自己已经有了目标,然而,那些不是目标,只能称为希望或者梦想。在一堂训练课上,我对学员说,如果他们有目标的话,请举手并喊出"是的"。

接着,我让他们举例说出他们的目标。他们喊出的基本上都是"我想要幸福""我想变得富有""我想去旅行""我想有一个美好的家庭生活"。

但他们喊出的这些并不是目标,而是所有人类都怀揣的希望和梦想，是每个人都有的渴望。希望和梦想并不是你每天能集中精力去完成的清晰、具体的目标。它们不能被衡量，没人能告诉你离实现它们还有多远。

把目标写下来

第二步：把目标写下来。只有 3% 的成年人会把具体目标写下来，似乎其他所有人都在为它们而工作。通常，这 3% 的人所获得的财富是其他人的 10 倍。一旦你写下了自己的目标，它们就具有了可衡量性。给它们标上号码吧，这样别人就能告诉你，你还有多久才能实现它们。

有一个经验法则是这样的：你如果想要成功，就为每个目标和行动设定一个衡量它们的方法；你如果想要变得富有，就要为每个目标和行动设定一个财务指标。

最近一项管理学研究表明，有 80% 的企业之所以成功，有三个因素：明确的目标和规划、明确的衡量方法以及明确的期限。这是基于 150 位学者对 20 多个国家数以千计的公司进行研究而得出的结论。

记住，没有人能够实现一个连看都看不见的目标。若你有明确的目标，你就可以衡量自己的进程，你就能比没有明确的目标时更深入、更迅速地前进。

你想什么时候实现目标

第三步：设定一个截止日期。明确你想实现那个特定目标的时间。如果这是个长期的目标，那就把它按年、月、周、日分解成一个一个小目标。我所知的那些最成功的人士会把一个十年的目标分成五年目标、一年目标、一个月的目标，直到将其贯穿到日常的活动中。接着，他们就严格要求自己每日完成一个或者多个分解后的小目标。

如果你没能在最初设定的截止日期之前实现目标，那怎么办？很简单，重新设定一个截止日期。如果还不行的话，那就再重新设定一个，如此循环往复。你需要实事求是地按照自己当时的情况来设定最初的那个截止时间。但是，有些外部因素的改变，比如整体经济衰弱、油价下滑等，会影响到商业的方方面面。当这些因素导致你无法按照原来的时间计划进行的时候，那就重新设定一个截止日期吧。你要相信，世界上没有不合理的目标，只有不合理的截止期限。

将思考落实到纸上

第四步：将你能想到的可以为实现目标所做的所有事情做一个列表。无论你想到了什么新的内容，比如你想到了可以做什么、可以学什么以及可以和谁交谈等，把它们通通写下来。将这个习惯一直保持下去，直到你再也不能想到新的事物为止。

第五步：按顺序来整理上述列表。创建一个备忘录，将你为实现目标而做的任务进行排序。排序的标准是：从你认为必须首先进行的任务到其次要做的事情，一直到最后一项任务。

你也可以通过优先次序来整理任务列表。在你的列表中，最重要的一项任务是什么？次要的任务是什么？根据80/20法则（80%的产出源自20%的投入），我们得知，通常情况下，构成你成功的80%的那部分最有价值、最重要的东西，就是你最初设定的那个首要目标与计划。

按照顺序与优先级来整理的行动列表，就构成一个计划。当你拥有了一个写下来的、成形的目标与计划时，你就超越了现今97%的人。你将会用更快的速度获得更多的成功，而你周围的人只会被你的成就所震惊。

以行动为导向

第六步：按计划采取行动。开始做什么不重要，重要的是一定要开始。走出第一步至关重要。利好的一点是，你总能知道第一步该干什么。

实现目标的第一步通常是最艰难的一步，但只要你开始做了，你就会得到三个好处：（1）你将会得到一个及时反馈，如果有必要的话，它能帮助你改变前进的路线与方向；（2）你将会有更多的想法，关于怎样增加并采取更好的行动来达成目标；（3）你的自信心会高涨，同时拥有更强烈的自尊心。你会感到更有力量，对自己的生活有更大的掌控权。要想得到这些，你只需开始进行实现目标计划的第一步！

第七步：这一步是"目标实现七步法"中最重要的一步。它将会让你在非常短的时间里，彻底地改变自己的生活。具体操作很简单，你只需每天做一些可以促使你实现最重要的目标的事情。一周7天，一年365天，每天都做一些或大或小的事，来使你向目标前进一步。

当你每天都着手做一些事情的时候，你就已经成功激活了你体内的"成功的动力学原理"。这个原理是基于艾萨克·牛顿爵士（Sir Isaac Newton）的惯性定律发展而来的，它的意思是，起初我们需要耗费巨大的能量才能使一个物体进入运动状态，但只要进入了运动状态，就会花费越来越少的能量来使它保持住这种状态。试想一下，我们需要非常努力才能推动一辆完全静止的汽车，但只要车被我们推动了，我们就能用越来越小的力气轻松地使这辆车越跑越快。要实现目标的你，就如同这辆车一样。

目标设定练习

现在，拿出一张白纸。在这张纸的顶端写上"目标"两个字和今天的日期。接着，写出至少 10 个你想在接下来的一年里实现的目标。它们可以是为期一天的目标、一周目标、月目标、半年目标或者是一年目标。不管是什么，它们都必须是你要在接下来的一年里实现的。

用一种特殊的方式来写下你的目标，这样它们就更能被你的潜意识所接受，聚集你更多的精神动力。试试使用 3P 原则吧，即个性化、积极性以及现在时态（personal，positive，and present tense）。

你所设定的每个目标都要用"我"来开头。因为只有你在潜意识里把这个目标看作你个人想要实现的目标时，你的潜意识才会发挥作用。举个例子，你可以说："在今年的 12 月 31 日以前，我要赚到某个数目的钱。"

为了使你的目标更积极，你需要转换一下说法。与其说"我再也不抽烟了"，不如说"我是一个不抽烟的人"。你的潜意识会接受那些以积极的口吻来措辞的命令。

用现在时态来写下你的目标。你的潜意识可不会连接到过去和未来。你要把目标当作一个已存在的事实进行陈述，就像你已经实现了它，正在向别人描述你所取得的成就。

与其说"今年，我要赚到 ×× 元钱"，不如说"在 × 年

×月×日之前，我赚到××元钱"。

例如，你可以说，"在今年的12月31日前，我会开一辆全新的四门宝马 sedan 轿车。"

通过3P原则来写下目标，你的潜意识就会把它们当作指令，然后一天24小时发挥其应有的作用。从你拥有一个清晰的目标、确定了实现目标所需的时间以及把它们通通落实到纸上开始，你就会有源源不断的想法和思绪，它们会帮助你快速地向目标前进，也会让目标主动找上你。

首要明确的目标

经过对美国最富有的人群进行的历时22年的研究，拿破仑·希尔发现，所有伟大的成功都源自一个"首要明确的目标"。它是比任何其他的单一目标都要重要的目标。这个目标的实现会助你达成更多其他的目标，它可比其他任何成就都重要。

看一下你所列下的10个目标，问自己一个问题：如果在24小时之内，我能实现其中一个目标，那么哪个目标的实现会对我的人生产生最积极的影响呢？

通常，当你问自己这个问题的时候，这个首要明确的目标就跃然纸上了。它比任何其他目标都能激励你前行。它带给你的幸福感是其他任何目标的实现都给予不了的。不管这个目标是什么，把它用一个圆圈圈出来。

接着，再拿出一张白纸。在纸的顶端写上"截止到××日，我要实现这个目标"。这就使你应用了 3P 法则，并添加了截止日期。

在这行字的下面，做一个列表，写上你能想到的任何可以助你实现目标的项目。每当你想到新的项目，你就立刻把它添加到这个列表里面。

接着，运用前面说过的优先次序准则来整理列表，将它变成一个切实可行的计划或者蓝图。确定你首先要做的事情、之后要做的事情、再之后要做的事情等。

然后，你就要按照列表开始行动了！开始第一步。离开你的舒适圈，开始走向实现目标的旅程，让你的人生从此改变吧！

最后，下定决心每天去做一些事情，让你至少向那个最重要的目标前进一步。

百万富翁养成计划

我们把这个"目标实现七步法"称为"百万富翁制造法"。全世界有越来越多的人用这个简单易行的方法取得了成功，它带给人们的成功比其他任何被实践过的方法都要多。

你大部分时间在想什么，你就会成为什么样的人，所以当你每天早上醒来的时候，思考一下那个最主要的决定性目标吧。带着你的目标充实过好每一天。在一天结束以后，更要进行反思，检查自己今天所做之事是否让自己朝着目标前进了。

你越多地进行目标思考，就越能激活自己的吸引力法则。你开始吸引生活中那些可以助你在实现目标的道路上越走越顺的事物，包括想法、人脉、资金以及资源等。

接着还会有其他的事情发生。当你开始逐步实现那个最重要的目标之时，你会发现你同时在逐步实现其他的目标。你生活中的每一个方面都得到了改善。你的自尊心与自信心增加了，你变得充满力量，也有能力得到那些你渴望的事物。你会一直坚持下去，不会轻言放弃。最终，无人能阻挡你前进的步伐。

> **行动练习**
>
> 1. 写下你在接下来的一年里想要达成的目标。
> 2. 挑选出一个会对人生产生极为重要且积极影响的目标，用圆圈圈出它。
> 3. 按照本章所论述的"目标实现七步法"来制作一个实现目标的书面计划。

| 第二章 |

生产时间——完成更多的工作

> 手中牢牢紧握那根指引自己走完忙碌人生迷宫的线索的人，一定是那些每天早晨都会为一整天的事务做计划并执行计划的人。
>
> ——维克多·雨果（Victor Hugo）

为了保持自己的最佳状态，你需要用与如今大多数人不同的方式来思考工作效率。你充分利用工作时间的能力，高产的能力，用更短时间、更高质量完成更多工作的能力给你的事业带来的影响，是其他任何因素都不可及的。当你为一整天做计划，进行管理，设置最优项并将精力集中于最有价值的时间利用上时，你就获得了工作效率。

高效工作需要高水平的心理素质与身体能量，自律、专注与决心会让你既快又好地完成工作。

你思考工作的方式，将在很大程度上决定你能完成工作的数量与质量。关于个人工作效率的三个最重要的词是：清晰、专注与专心。

第一个关键词是清晰。让你思路更清晰的出发点是你要不间断地自问自答这个问题：我期望得到什么结果？这也在 95% 的程度上决定了你的成功。

在生活和工作中，结果是至关重要的。它们不是唯一的，却主要决定着你的收入、声望、未来,以及别人看待与谈论你的方式。

成功人士在工作时的表现通常被别人形容为"高效率"。他们获得了"结果导向者"的称号。无论何时,当任何人有大型且重要的工作需要准时、完美地完成时,这些成功人士就变成核心人物。你的目标就是成为这些成功人士中的一员。

你的个人品牌

每个人在别人的脑海中都有一个"品牌"。你的个人品牌通常被总结为几句话——当他们想到你、和别人说到你的时候,他们就会拿出来用。你的个人品牌在很大程度上决定了你生活和工作中发生的大部分事情。

最近的一项研究表明,当你遇见一个陌生人的时候,你会寻找构成他个人品牌的两组品质。第一组品质是"热情与信任"。这是一个你可以信任并让你感到舒心的人吗?足够有趣的是,当你第一次遇见他人的时候,不出五秒钟,你就会做出这个判定。而且,你很少判断失误。

人们寻找的第二组品质是"素质和能力"的组合。这个人能够且愿意出色、准时地完成工作吗?他有能力吗?回答这些问题需要花费更长的时间、更深的思考、更多的调查以及更丰富的经验。

热情和能力是必不可少的

研究人员总结道：如果你是一个热情且令人信任的人，是那种让人们喜欢、欣赏并愿意与之共处的人，那么你就会拥有很多朋友，有良好的人际关系。但是，如果你对外的名声是不特别擅长你的工作，更糟糕的是，如果你被公认为无能力或者不可靠，那么人们也许仍然会喜欢你，只不过他们也会可怜你。

原因是，人们本能地认为，一个品质好但却不擅长工作的人，拥有的是有限的未来。从长远来看，他是不会成功的。这样的人不会成为一个成功人士，而只是一个不会在生活中取得很多成就的非成功者。

也许，在这个世界上，关于工作最重要的一种能力是"可靠性"。这意味着，人们每次都能完全地相信你能准时、出色地完成一项工作。

经常去卡拉OK的人都有一个常用词：表现。他们通常会问一个关于表演者的问题："他表现得如何？"这是对一个卡拉OK歌手的整体表现的描述。

在生活中，我们总是被其他人评价与判断，正如我们对别人所做的那样。每一天，每个场景，你都在以一种特殊的方式表现自己，制造并给别人留下特殊的印象。你给别人的全部印象就构成你的个人品牌。问题是，你要怎样表现自己呢？

你的目标是表现为一名顶级的表演者。你想让人们在想到你、谈论你的时候，把你视为一个优秀的人，一个在任何情况下都能一如既往地真正做出有价值的贡献的人。这是你能拥有的最棒的声誉或品牌。

然而，每个人都知道真相。在任何工作环境下，人人都知道谁才是最优秀、最有效率的人。因此，对于你来说，问题是，你要如何表现自己？

一种严重的流行病

流行病是一种在大面积区域内传播，影响人口数量庞大的疾病或慢性病。如今，有一种"表现不佳"的流行病在西方世界蔓延。它在降低生产力，削弱个性，摧毁人们对未来的希望与梦想，切断人们对成就和进步的渴望，并且让无数的人，特别是年轻人，从事与他们能力不匹配的低收入工作。

这种流行病可以叫作"电子产品干扰的诅咒"。根据来自罗致恒富（Robert Half International）公司的信息，我们得知，在每个工作日里，有足足一半的时间被浪费在那些既对公司没有任何价值，也对手头工作没有任何帮助的活动中。很多时间被浪费是由于人们无法开始并全天候有效率地工作。

多数人在他们二十几岁、三十几岁时进入互联网时代的职场。如今，我们拥有脸书（Facebook）、优兔（YouTube）、谷歌（Google）、领英（LinkedIn）、推特（Twitter）以及智能手机；而在 2016 年，有 120 万种应用（App）可供智能手机下载。这些手机应用通过不同的形式让人们进行消遣、娱乐、享受以及浪费时间。据估计，如今成人平均每天花费 3.5 个小时用来浏览手机应用、检查邮件以及收发信息。

即使没有这些电子活动，人们也能知道发生了什么。沉迷于让其分心的活动中的人们将会发现，他们对未来的希望与梦想在慢慢消逝。当人们花费更多的时间来回应电子干扰时，他们由于持续被打扰，所以会以不尽如人意的表现去做更少的工作。

你的职场

很多人的表现及其所得都远低于根据他们的潜力所应得的，他们是怎样做的呢？你不得不追溯到孩子们的第一次工作经历：他们的学校和课堂作业。

情况是这样的：当你是一个孩子，第一次去学校的时候，通常你会感到紧张并且没有安全感。但你很快意识到，学校里面有很多和你同龄的孩子。那么，你会和同龄的孩子做什么呢？你们一起玩耍！很快，你就把学校当作你和你的朋友一起玩耍的场所。

随着你在学校度过了一年又一年，学校变成你的主要玩耍场所。当然，你也必须做一定数量的作业，取得一定的成绩，才被允许继续学业。然而，与学校作业相比，你把你的朋友和社交活动放在了主要位置。

你如果足够幸运，继续读了大学，就会继续和伙伴们玩耍，但是，此时已经没有人来监督你了！上了大学的大多数人都把四年或五年的时间用在了与其他人进行的无穷无尽的社交活动上，他们只做足够的、可以避免被学校劝退的学校作业。

职　场

当你完成学业以后，你开始了第一份工作。在工作的第一天，你会感到些许紧张，不确定将会发生什么。接着，你会被介绍给工作伙伴，他们中的很多人与你同龄。这让你想起了校园生活。你会和同龄人做什么？你们一起玩耍！

今天，对于美国成年人来说，工作场所就是最主要的游戏场所。据有关人士估计，一般的员工直到上午 11 点左右才开始工作，而到了下午 3 点，他们就开始逐步结束工作了。

人们到达工作单位以后做的第一件事就是"和朋友们玩耍"。

他们用一半的时间和同事们聊天，其内容与他们被雇用来做的工作毫不相干。当结束了与同事的谈话以后，他们开始阅读邮件、收发信息、浏览脸书上发布的消息，查看哪些东西在哪些地方打折，以及处理各种形式的广告和群发的垃圾邮件。突然，他们抬起了头，一天就过去了。

由于很多人把工作场所当成游戏场所，所以，当老板安排他们去做一些实际工作的时候，他们经常会感到厌烦。他们专注于不间断的电子产品的干扰，以至于他们没有时间以严肃的态度进行工作。

电子邮件病

一般的成年人每天会检查邮件 145 次。这也是时间管理专家朱莉·摩根斯坦恩（Julie Morgenstern）撰写《永远不要在早晨查看邮件》(*Never Check E-Mail in the Morning*) 这本书的原因。越来越多的公司和组织也得出了同样的结论，其中甚至包括《哈佛商业评论》(*Harvard Business Review*)。花费太多时间处理电子邮件会危害到你的职业生涯，几乎不可能让你在工作中有上乘表现。

电子邮件之所以会对你目前的生产力和未来的发展前景产生破坏性影响，是因为你每接收或发送一封邮件，你的身体就会释放出微量的多巴胺。多巴胺是一种类似于可卡因的刺激物，它会给你一种轻微的愉悦感，让你在不知不觉中想要重复享受这种感觉。一旦你通过收发电子邮件、检查即时通信信息（SMS）、打电话以及其他借助智能手机或电脑完成的交流而获得这种愉悦感，你就开始一整天都做这些事了。很快，你就不能自已，就像一个上瘾的人一样。

根据《今日美国》（*USA Today*）中的一则故事，我们得知，当你连续不间断地处理电子邮件和信息时，你的大脑会变得越来越疲倦。结果是，你会在一天中失去大约 10% 的智商。随着时间的推移，你会变得越来越迟钝。在一天结束的时候，你的大脑会特别疲惫，以至于你难以做出决定——即使是晚上吃什么、看什么电视剧这样最简单的决定也不行。

工作时间 vs 游戏时间

应对你被不可抗拒的"分心吸引力"缠住的办法就是，在工作的时候，你要不断提醒自己：这是生产时间，不是游戏时间。

当你开始参加工作的时候，你就签订了合约，你用一定质量和数量的工作来换取一定金额的工资和福利。你许下了诺言，就要遵守诺言。既然你签了合约，你就需要去履行合约中的条款。当你这样思考工作的时候，你就会改变对工作的全部看法。

每天，在工作时的每一秒钟，你都要问自己以下问题。

（1）为什么我会拿到工资？我被雇用过来是为了完成什么？

（2）我现在所做之事是我拿到工资的原因吗？我现在所做的是在最好、最高效地运用我的时间吗？

如果你现在所做之事并不是你被聘请过来要做的最重要的事，那么不管你此刻在做什么，停下来，返回去，去做你被雇用来应该做的事。

当你开始工作了，就只工作

在工作上取得成功的最重要的原则是：把所有的工作时间都用来工作。

当到了公司，向同事们问好以后，你就迅速投入工作。低下头，像赛跑中"脱缰而出"的运动员一样全力以赴。如果人们想要和你聊天，你就礼貌微笑着告诉他们，你很乐意在完成工作以后与他们交流。在此期间，你有需要完成的工作，并且时间紧迫。最终，那些不珍惜自己时间也不珍惜别人时间的时间浪费者们，会觉得你很无趣，他们就会去和其他同样喜欢浪费时间的人交谈，花费越来越多的时间。

  关于工作时间，这里有一个简单的法则：不要在早上检查电子邮件。每天只检查邮箱两次，分别在上午 11 点和下午 3 点。而在此之间，关掉邮箱。记住，每听到一次收到信息的声音，你就会产生一次多巴胺带来的兴奋感，这种兴奋感会让你从工作中分心并减弱自己的生产力。离开那些让你分心的事物。

专注和专心

  获得高生产效率的第二个关键因素是专注。你在最重要任务上的专注能力可以帮助你在职业生涯中快速前进，这比任何其他因素对你的帮助都要大。电子产品的干扰破坏了你的注意力，让你从工作中分心，而这些工作是你获得成功所需的成绩单。

  很多人都被同时完成多项任务的神话所蛊惑。他们认为，他们能够同时做好几项任务。但有关专家发现，同时完成多项任务仅仅是在"转变任务"，人们穿梭于多项任务之间，很少能够长时间地专注于任何一项任务。更糟的是，不管你因何种情况被打断，你将会花费大约 17 分钟的时间才能将注意力重新放到一项重要的工作上。

  获得高生产效率的第三个关键因素是专心。所有重要的工作都需要在连续一段时间内一心一意地将注意力集中，直至完成工作。这通常被称为"集中思维活动"（concentrated mind activity，CMA）。幸运的是，专心是一种技能，或者说是一种习惯，你能够通过多次重复练习学会它，直到你能轻松自如地运用它。

巨大的好处

在全天的工作中保持思路清晰、专注与专心，会给你带来两个巨大的好处。第一个好处是，你会成为你们团队中最高效、最受尊敬的人之一。你会更快地完成更多、更高质量的工作。会有越来越多的重要工作将被分配给你。你会得到上级的关注与尊敬。这样一来，你就能赚更多的收入，也会加快晋升的步伐。机会之门将为你敞开，并且常常比你现在想象中来得更快一些。

第二个好处是你看待自己的方式。你所有的工作生活以及大部分的个人生活，都围绕着一个个不断开始、结束的任务运转。每次你开始并完成一项任务，不管它是多大规模的任务，你都会得到一些能量、激情以及自尊。自我感觉越好，你就会越开心。你的大脑会释放内啡肽，这实质上是一种"令人愉悦的麻醉品"，你在别人面前就会更有创造力、更冷静、更自信、更加风度翩翩。

感觉自己像个胜利者

这里有一个法则：用一个工作清单来开始每一天，清单上的工作是你需要去完成的。按照从最重要到最不重要的等级给工作排序。从最重要的工作开始进行，约束自己不停地进行这项工作，直至完成它。

每当你完成一项工作，你就会得到一些内啡肽，它会让你更开心，并增加你的自尊心和自豪感。当你完成一项含金量高的工作时，你就会得到更强烈的幸福感和自尊心。当你完成最重要的工作后，比如完成工作中的主要任务，你会获得一种爆发式的兴奋感，这种兴奋感让你感觉自己非常棒。在你养成开始并完成最重要工作的习惯以后，你的整个生活和事业会跨入快车道。

与由完成工作而获得的幸福感和自豪感相反的是，工作了一个小时又一个小时，但感觉仍然难以完成工作的那种挫败感与不满感。记住，结果就是一切。只有当你意识到，你正在通往获得你所期待的最重要的成果的路上时，你才会感到快乐。

让工作时间更有效率

这里有一系列使用生产时间的方式，可以使你大幅度地提高生产力、绩效、产出，得到更多的奖励并增加收入。你做一件事的 95% 取决于你的习惯，通过练习和重复，你培养出了新的习惯。练习下面给出的成熟的技巧，不出一个月，你就会将自己的生产力提高一到两倍。你将让自己与优秀的人为伍。

列清单

时间管理的第一个技巧是，每天在开始工作以前，把你需要做的所有工作都简单地列出来。更好的技巧是，在你结束一天工作的时候，把第二天要做的事也罗列出来。

当你把第二天要做的事都列了清单以后，你会在整晚睡觉的时候用潜意识来思考这些工作。早上醒来以后，你经常已经有如何用更少的时间把这些工作做得更好的想法和见解了。

如果有新事情出现，把它写在清单里。在你把它写下来之前，拒绝做任何事，哪怕是一个电话都不能打，一封邮件也不能发。一旦你把事情都写在清单里，你就能看清哪项工作更重要，哪项工作是次要的了。

根据时间管理专家艾伦·拉金（Alan Lakein）所说，你按照清单展开工作并坚持的第一天，将会节省 25% 的时间。3 ~ 4 个星期以后，你将会养成为每一天、每一个项目或是你要进行的每一个多任务活动去列清单的习惯。你的生产力将会迅速提高。

设置清晰的优先次序

在你开始工作之前,将清单上的事情按照优先次序排好。花点儿时间置身事外地思考一下你必须做什么,你要意识到,你不可能把所有事情都做完。不管你的生产力如何,你总有太多的工作需要做。你总是需要去做选择:先做哪项工作,其次要做什么,哪项工作根本不需要去做。

在对清单的处理上,运用二八定律。回想一下,它的内容是80%的结果取决于你20%的活动。也就是说,若你为某一天列出了10项活动,它们中的两项会比其他八项活动加在一起更有价值。当然,有时清单上某一个单独的问题比其他所有事情加在一起还重要。

记住,重要的不是你投入了多少时间,而是你在那段时间内完成的工作和事情的价值。你的任务是关注成绩而不是活动本身。基于任务的价值来分配时间,先做最重要的任务。

ABCDE法

练习ABCDE法。在你开始一天的工作之前,仔细检查你所列的任务清单,在每一个任务或活动前分别写上A、B、C、D、E五个字母。思考一下每个工作完成或未完成可能带来的结果。某事很重要,重要到能产生巨大的潜在结果;某事不重要,能产生较低的或完全没有任何可能产生潜在结果。而结果就是一切。

成功且高产的人，会把大部分工作时间用在那些会产生巨大的潜在结果的活动上；而那些不成功的人，用更长的时间更努力地工作，但他们把太多工作时间用在那些有较少可能或根本不会产生结果的事情上。他们完成这些工作与否根本不重要。

将任务清单上的每一项任务都和字母 A、B、C、D、E 对应起来。A 类任务就是你必须完成的任务。这个任务完成与否，能产生严重的潜在结果。如果你没有做或没有准时完成它，将会有非常严重的问题出现。这些 A 类任务就是你每天必须完成的最重要的事情。

在你应该要进行的活动前面写上字母 B，这些活动完成与否能产生轻微的潜在结果。你迟早都要完成它们，但它们的重要性不能和 A 类任务相提并论。原则上，只要有 A 类任务没有完成，你就不要去做 B 类任务。

C 类任务是那些你若去做很不错，但不管怎样都不能产生任何结果的事情。检查邮件、往家里打电话、和同事一起喝咖啡，这些活动都是你乐意去做的，但你是否去做其实对你完全没有任何影响。

选择你的任务

不幸的是，绝大多数的人都把大部分时间用来做 B 类和 C 类任务。他们认为，因为自己是在办公室做这些任务的，所以他们觉得自己就是在工作。但这并不是真的。你只是在工作场所中，并不意味着你真的在工作。

将那些你可以交给别人去做的任务标记为 D 类任务，他们的收入或计时工资远不如你，但也能完成。你如果渴望你的时薪是 25 美元（年薪 5 万美元）或 50 美元（年薪 10 万美元），那么不要把你的时间浪费在时薪 10 美元的人也可以做的任务上。

E 类任务就是那些你能剔除且不会对你产生任何影响的工作。它可能是你曾经做了一阵子的任务，但它已不再重要。它可能已经不再是你要做的任务了。它可以被你放心地剔除，并且对你的职业生涯根本没有产生任何影响。

整理任务清单

现在，返回去看看你的任务清单，并将 A 类任务中的事项按照优先次序标注成 A-1、A-2、A-3……依次排列在你最重要的那些工作旁边。以同样的方法来整理 B 类任务。整理以后，从 A-1 任务开始进行，将你的时间用在最重要且最有价值的事情上。下定决心一心一意地做一项任务，直到你百分之百地完成它。坚持不要转移或分散注意力。

做一个任务清单，按优先次序整理，接着开始并完成最重要的任务，这项简单的法则可以使你工作输出的数量和质量都提升 1~2 倍。这是拥有高绩效的关键。记住，结果就是一切。

提高你的"能量回报率"

商业策略专注于帮助企业增加股本回报率（return on equity，ROE），即其投入资本的回报率。这意味着，一家企业想通过资金和努力获得最高的销售额和利润。

你的个人资本就是你的身体能量、心理能量和情感能量。你的目标同样是从工作中获得尽可能多的东西，来提高你的个人"能量回报率"。

你用在计划工作上的每一分钟都会为你节省至少10分钟的完成工作所需的时间。为一整天做计划只需要花费你10~12分钟的时间。但仅仅通过事前做计划，就可以让你赚回两个小时——120分钟的生产时间。能量回报率超过了1 000%。

时间和金钱是可以互换的。它们或是被花掉或是用作投资。如果你花费了时间或花掉了金钱，那么它们就一去不复返了。你永远都不能让它们回来。但是，如果你投资时间和金钱，那么你可能会持续几年都得到回报。当你把金钱投资于可以带来利润的有价值的事物上时，你就能年复一年地赚钱。这个投资的过程是获得大多数财富的基础。

当你把时间和金钱投资在自己身上，你的工作就会越做越好，那么这项投资可以持续多年，让你的收入增加，得到一个更高的能量回报率。如果你接下来将得到的高收入再次投资给自己，那么你很快就会成为你所在领域最有价值、收入最高的人之一。

三件事法则

在工作中实践"三件事法则"（Law of Three）。这个法则的内容是：不管你在工作中完成多少任务，你对公司和你自己的贡献的价值，有90%仅仅来自三个任务。

当我和客户工作的时候，我让他们列出一个清单，把在一周或一个月内完成的每件事都写上去。他们在给我的清单上列出了20或30个任务，甚至有人写了50个任务，他们认为这些任务是他们工作说明的一部分。

接着，我向他们解释道，他们在工作中做的三件事就构成他们所做的所有事的价值总和的90%。这意味着，就价值而言，只要你做的不是那三件主要任务中的事情，这件事的价值就落入了后10%。

对你来说，提高生产力的关键在于找到最重要的那三项任务，然后心无旁骛地专心完成它们。

把你做的每一件事都列在清单上，以此开始。

为了确定你最重要的三个任务，看看你列出的清单，然后自问以下三个有魔力的问题。

（1）如果我全天只能做这个清单上的一件事，哪件事会给我的工作和公司带来最大价值？（不管答案是什么，将它圈出来。）

（2）如果我全天只能做这个清单上的两件事，那么第二个可以给我的事业或工作带来贡献的活动是什么？（回答这个问题就不像第一个问题那么容易了，但通常答案很清楚。）

（3）如果我全天只能做这个清单上的三件事，那么第三个可以让我创造最大价值的活动是什么？

当你自问了上述三个问题且有了清楚的答案后，你会惊讶地发现这个法则到底有多正确。如果你恰好一整天都在做那三件事，那么你的职业生涯很有可能会发生变化。

下面是有关"三件事法则"的四个结论。

（1）做更少的事。你永远无法赶上进度。你永远不能把列表上的每一件事都做完。为了掌控自己的生活，你必须放弃很多细碎的事情。

（2）做更重要的事。去做你认为最重要的三个任务，直到把主要任务做完再去做其他事情。

（3）用更多的时间去做最重要的任务，最好持续一整天。你花费在最重要的事情上的时间越多，于外你会越高产，于内你会越快乐。

（4）把你最重要的任务做得更好。在你最重要的任务范围内不断地自我完善，这是你能对自己做的最大的投资。这能大大提升你的生产力、绩效和产出，并能让你在更短的时间内完成更多的工作。

今天就下定决心，你要获得这样的名声——成为你们组织中最努力工作的人。但不要告诉任何人，将它埋在心底。

想象一下：在你的公司中，在最有效率的人之间有一场比赛，而你是唯一一个了解这场比赛的人。与其把它告诉给其他人，不如让人们通过观察你的工作而自己得出结论。记住：将所有的工作时间都用来工作。

> **行动练习**
>
> 1. 把你计划每天要做的所有的事情都列在一个清单上。
>
> 2. 为你的清单设置优先级，从那项最有价值地利用你时间的活动开始。
>
> 3. 约束自己从你最重要的任务开始，一心一意地工作，直到完成这项任务。

| 第三章 |

收入增长的时间

> 思想是所有财富、成功、物质利益、伟大发现和发明,以及所有成就的本源。
>
> ——克劳德·M. 布里斯托
> (Claude M. Bristol)

人人都想赚更多的钱，得到高薪，在自己的职业生涯中实现财务独立。你看待收入以及思考怎样才能增加收入的方式，是你可以发展的最重要的心理技能。

有时，我会以这样一个问题作为研讨会的开场白：你最有价值的金融资产是什么？

观众通常会思考一会儿，然后抛出一些诸如"我的房子""我的银行账户""我的公司"之类的答案。

接着，我会解释道：你们最有价值的金融资产是你们的赚钱能力。它被定义为，你可以得到人们支付给你的报酬的能力。你可能会失去所有的钱，尽管你没有犯任何错误，但是只要你还有赚钱的能力，你就能重回市场，把失去的钱再全部赚回来。这就是很多成功人士一生所做之事。

你的赚钱能力是你所有积累的总和，包括你的知识、技能、经验、研究、努力工作，以及你在生命和职业生涯中所取得的成就。你会花费毕生时间来提升赚钱能力。

升值还是贬值

由于你的赚钱能力是一种资产,那么就像其他资产一样,随着时间的流逝,它有可能升值,也有可能贬值。当你持续提升知识水平和技能,让自己越来越有价值,做被更多人高度重视且愿意向你支付薪酬的任务时,你的赚钱能力就可以升值。

如果你没能通过学习和努力工作来持续提升自己的技能和能力,那么你的赚钱能力就是一个"贬值的资产"。但由于经济的快速发展,以及对新技能的持续需求,你的赚钱能力永远不会停留在某一水平上。

诺贝尔经济学奖获得者、芝加哥大学教授加里·贝克尔(Gary Becker)提到:在我们的社会中并不存在"收入差距",反而存在"技能差距"。拥有技能的人们被广泛需要。技能可以使雇员们取得出色的成绩:他们可以通过生产和销售更多的产品和服务,把技能转化为金钱。这样的人总是被市场需要,他们总能找到工作,还常常得到高薪。

技能过时

此外,那些拥有不再被需要的技能的人,经常处于失业状态,并且会持续好几个月,甚至几年。贝克尔发现,处在前20%

且每年的收入平均增长 11% 的人与处于后 80% 且每年收入增长 3% 甚至更少的人，他们之间的主要区别在于对持续学习的认同。高收入人群总是在阅读、学习、提升他们的技能。

精英行为研究创始人安德斯·埃里克森（Anders Ericsson）得出一个结论：多数人在工作的第一年就已经足够好地掌握了工作，以至于不会被开除。从那以后，他们再也没有任何起色，没有任何进步。十年以后，他们并没有比第一年过去后更有效率。这个结论似乎适用于如今 80% 的职场人士。

终身学习者

世界前 20% 的人都是终身学习者。他们持续不断地扩展知识和技能。他们阅读、学习并实践新思路。他们从来不会让推动自己进步和成长的压力减小。

正如一位《财富》世界 500 强企业的 CEO（首席执行官）所说："我们保持竞争优势的真正来源是学习能力，以及比竞争者更快地应用新思想的能力。"

以上这些话同样适用于你。拥有持续竞争优势，让自己的就业能力和收入保持在高水平的个人来源，就是你的学习能力以及实践新技能的能力——那些人们所需的用来获得更多、更好成绩的技能。

埃里克森发现，各行各业中效率高的职员会比效率低的职员花费更多的时间来练习和提升技能。正是这种差异造成了人们在社会中所见的大多数的巨大收入差距。

识别你最重要的技能

埃里克森研究了一些管理人员，他们一开始就在大企业工作，几年以后当上了公司的高管，通常是 CEO 或总裁。这时，他们的工资是公司中其他人平均工资的 301 倍（根据 2016 年的数据）。

他发现，这些人中的大多数都在实践一个简单的策略，而这个策略贯穿于他们的整个职业生涯。一旦他们开始第一份工作，他们就去问领导："有没有哪一种技能，如果我真的擅长，就能使我为工作做出更大的贡献？"

领导就会告诉这个员工，不管是市场、团队建设、做演讲、阅读财务报表或是其他的什么事情，只要他真正擅长其中一项，他就能够把工作做得更好，并做出更有价值的贡献。

这名新员工会采纳建议，并立即开始工作以便提升技能，就像叼住一根棍子并随它奔跑的狗一样。他会将提升技能作为一个目标，然后创建一个学习计划。他会列出一个清单，写上所有他可以做的、让他在这个方面变得更好的事情。他会找出他应该读的书，应该参加的课程和研讨会，以及他可以在上班路上收听的电台节目。

神奇的数字

这是一个神奇的数字。埃里克森发现，这些顶尖人士每天投资 2 小时，每周投资 5 天，用来学习新技能。

一周有 168 个小时（一天 24 小时，一周 7 天）。人们在职业生涯的最开始，从公司底层做起，他们通过把这些时间的 10% 用来投资，可以让自己持续前进，且速度会越来越快。他们一边获得更多的知识和技能，一边继续提高自己的赚钱能力，即取得结果的能力。

在朋友们出去社交、参加聚会、在电视上看体育比赛的时候，这些高成绩者一周 5 天，每天抽出 2 个小时，让自己的工作做得越来越好。

阿尔伯特·爱因斯坦曾写道，"复利是宇宙中最强大的力量。"这一点也适用于金钱和技能。

这些成功的管理者在职业生涯的初期就发现，他们每掌握一项新技能，就能将它与其他技能结合起来，合成所有知识和技能的总价值。如此一来，这些雇员也会变得越来越有价值。

多年以来，我发现，很多人都只差一项技能就能使他们的收入翻倍。如果他们能够多发展一项关键技能，并结合自己已有的技能和经验并加以利用，那么他们对于公司的价值就会翻倍，也会赚得双倍工资。

将自己看作自雇人员

每个行业中前3%的"领头羊"都有着高度的责任心，他们对自己负责，对他们做的每一件事负责，对他们的变化负责。结果，他们视自己为自雇人员。他们表现得就像公司是他们自己开的一样。

美国前劳工部长罗伯特·赖克（Robert Reich）说，当他进入一家公司的时候，他能快速判断出这家公司所发展的文化类型。他说，员工谈论公司和他们自己时所使用的代词包含了公司文化。

在顶级公司中，人们会使用"我们"、"我们的"这样的词。在顶级公司中，人们感觉并表现得好像公司属于他们自己一样。他们充分参与到公司的事务中。他们对公司的绩效拥有高度的责任心。

而在表现较差的企业中，人们会使用"他们、他们的"等代词。他们把公司看作完全脱离于自己的事物，一种只是给他们提供工作和支付薪水的存在，别无其他。这也就解释了为何有统计称，如今足足有 65% 的员工处于正式脱离工作的状态，这些员工每天都在走过场，投入工作的努力非常小，却在互联网上翻看招聘广告，梦想着做一份不同的工作。

你就是总裁

杰出人士并不会那样做。他们意识到自己是自身职业生涯中的 CEO 和总裁。他们把自己视为一家名为"你的公司"（You, Inc.）的总裁。

厄尔·南丁格尔（Earl Nightingale）曾说道：你能犯下的最严重的错误就是认为你在为别人工作，而不是为你自己。事实上，你一直在为自己工作。

不管谁为你的工资单签字，你一直都在你自己的工资单中。你一直都在为自己工作。你是一家个人服务公司的总裁，这家公司只有一个员工，就是你自己。在这个竞争激烈的市场中，你只有一件商品——你自己的"个人服务"。

你在生活和事业中的所得将取决于你对他人的服务价值，取决于你为公司做贡献的能力，取决于在职业生涯中不断增加自我价值的能力。

什么决定了你的收入

你的收入主要取决于三个要素：你所做的工作、工作做得有多好、你的可替代程度。

如果你不满意自己目前的所得，那么你必须做一些不同的工作或是将目前的工作做得更好，并且你必须成为公司不可缺少的人，这样他们想要找人来替代你就会有相当大的难度。

正是因为这三个要素，不管你是失业还是未充分就业，高收入还是低收入，抑或是你的所得配不上你真正的潜力，这些在很大程度上都是自我决定的，是你个人的选择。随着时间的流逝，一个人在很大程度上决定了自己的收入。每个人都决定了自己将要赚得多少工资。每个人都因为他们做的事和做不成的事而决定了自己未来的经济状况。

伟大的经济学家路德维希·冯·米塞斯（Ludwig von Mises）曾写道：每一个行为都会有一个或几个结果。能够正确地预见自己行为的结果的能力，是卓越思想家的一个标志。冯·米塞斯接着指出，每一件可以带来结果的事情都可以被认为是一种行为，甚至也可以是"无所作为"，即在某种特定环境中什么都不做。

就像你做的每一件事都会给你的生活带来结果或成绩那样，你没有做的事也会带来结果或成绩。而且，你的"无所作为"常常会带来比你能想象到的更大的影响。

那个最后一分钟才去工作的人，他把一整天的大部分时间都用来和朋友进行社交活动，花很长时间喝咖啡、吃午饭，一到下班时间马上就离开，他的这些行为会给他的职业生涯带来消极的影响。没能提升技能，没能有效利用时间，没能在最重要的工作上努力——这些"无所作为"同样会带来巨大的消极影响。

大自然是中立的

人人都想赚更多的钱，更快地晋升，实现财务独立。但大自然是中立的，不会厚此薄彼。她就像被蒙住了眼睛的正义雕像。大自然只是说："如果你想产出更多，你就必须投入更多。"

大自然还说："你的产出不能多于投入。"

我最喜欢的一处引用来自德国哲学家歌德，他写道："大自然不开玩笑。她总是真实的、认真的。她总是正确的，差错和失误均是人为的。对于不懂欣赏她的人，她予以藐视；只对聪敏、纯洁和真实的那些人，才甘心展露天机。"

这些话同样适用于职场的方方面面。

大自然说，你可以得到你想要的全部金钱，但你不得不为他人提供他们想要的、需要的服务，让他们愿意支付你报酬。

卡拉威高尔夫（Callaway Golf）公司的创始人伊利·卡拉威（Ely Callaway）曾经说过："你的公司的设计就是为了让你取得

今天恰好得到的结果，除此之外再无他法。"

这同样适用于你和你的"个人服务公司"。你的生活和工作，包括你的技能组合、你所做的事情、你完成的程度，它们给了你今天恰巧得到的结果。如果你想取得更多、更好的成绩，你就必须更好地工作，提升自己的价值，尤其要开发新的、更好的技能来为公司做出更大的贡献。

考虑结果

你的学习能力以及运用新知识、新技能的能力，对你的生活会产生一些巨大的潜在影响。这就意味着，不管你是持续地学习和成长，还是放弃学习和成长，对你生活的影响都将是巨大的。

除了你现有的技能组合，你所掌握或提升的一个重要技能通常可以很快地让你的价值和收入翻倍。

如今的商业中有一些重要的词，其中包括商业模式（business model）和价值定位（value proposition）。基于这两个词，人们通常会针对一个产品进行提问。

- 它是什么？
- 它是怎样运行的？
- 它解决了什么问题？

- 它能得到什么结果?

这些问题同样适用于你和你的个人服务。它们适用于快速变化的要求、欲望、顾客（雇主）的需求，以此作为对竞争和市场规律的回应。

以下这些是你在职业生涯中必须花时间去自问并且反复回答的问题。这段花在自我评估上的时间，可能会成为你生活中最重要、最有价值的时间。

- 你的核心技能、核心竞争力是什么?
- 你要做的最重要、最有价值的工作是什么?
- 你从雇主和公司中得到的最重要的结果和好处是什么?
- 你如今擅长什么？从现在起，若要在职业生涯中获得成功，你需要在六个月或一年的时间内擅长什么？
- 哪一项技能，若你绝对擅长它，就可以给你的生活和职业带来最大的积极影响？
- 哪一项技能会最有助于你收入翻倍？

对你的职业来说，最后一个问题也许是最重要的一个前进性问题。随着信息和技术的快速发展以及竞争的加剧，你对这个问题的答案将会改变。关于提升这项技能，你的计划是什么？

制订计划，追求个人卓越

要成为你所在领域最顶尖的人，你的计划是什么？

人们从来不计划失败，他们只是不做计划。你的目标应该是一次学习一项技能，一个接一个地进行。一个有意思的发现是，当你一心一意、集中精力学习和提升重要技能时，你就开始进步了，这几乎是在无意识中进行的，对于其他重要技能也是一样。

通过关注个人技能的发展，你每时每日都在转变思考和利用时间的方式。你就成了一个学习机器，能够不断地吸收新的知识。

顶尖的人将自己投身于不间断的学习中，仿佛他们未来的职业发展完全取决于此，而事实也的确如此。

今天开始就下定决心吧，让学习时间包含在你每天、每周、每月的生活中。在家里开辟一片学习的空间。制定一个时间表，确保自己每天都在固定的时间学习，约束自己严格遵守时间表。

乐意预先、反复为成功买单，如果有必要的话，可以常年进行，最终使自己成为所在领域中的佼佼者。

好消息是，你可以为了达成自己所设定的任何目标，学习任何需要学习的东西。而且你学的越多，你能学会的也就越多。

当你集中精力学习新科目的时候，你会激活越来越多的脑力、神经节和神经元，而神经元又连接着成百上千条其他的神经元。结果就是，你会变得越来越聪敏。你的头脑会运转得更快，而且更为清晰。然后你就可以学习更多新的科目，而且速度会越来越快。

当你成为一个终身学习者时，你的潜力是无穷的。

行动练习

1.找到这样一项技能，若你能出色地使用它，那么它会比任何其他技能更能让你做出更有价值的贡献。

2.设定目标来发展这项技能，创建一个学习计划来获得这项技能，然后便一心一意地掌握这项技能，不管需要花费多长时间。

3.每周至少留出10个小时，用来学习、研究、提升你最重要的技能。

| 第四章 |

空闲时间

所有的财富都起源于思想。
财富在于思想,而非金钱。

——罗伯特·柯里尔
（Robert Collier）

生活中最重要的时间之一是一段很少有人能想起来的时间：你的空闲时间。

一周有 168 个小时。一般人每天用 8 个小时工作（一周工作 40 个小时）；用 8 个小时睡觉（一周睡 56 个小时）；用于打扮、吃饭以及通勤的时间每天有 4 个小时（一周 28 个小时）。这些活动一共用去了 124 个小时，剩下的 44 个小时便是这一周的空闲时间。

不幸的是，一般人将大多数的空闲时间用于社交、看电视以及诸如此类的娱乐活动。

但是，你在空闲时间里所做的事会给你的生活带来成功与否的重大差异。你可以把空闲时间花在令人愉悦的活动上，你也可以把它投资给你的未来。

生活的副产品

很多制造商，特别是在生产过程中采用大量原材料和自然资源的制造商，会扔掉大量的副产品。在很多工厂周围，你会看到堆积如山的副产品，最终它们会以某种方式被处理掉。

多年以来，随着科学的进步，这些副产品常常被转化成可以销售的新产品。很多以前只能被扔掉的副产品，现在被转化成有用的产品，因此，越来越多的副产品被使用，而留下被处理掉的副产品越来越少。

有时，生产过程中产生的副产品可能会比生产出来的主产品产生更高的利润。

数十年来，德国的拜耳化学公司（the Bayer Chemical Corporation）在制造其他化学产品的过程中，会产生大量的乙酰水杨酸。这种酸呈结晶粉末状，在被运走处理前，它们就被堆积在工厂的外面。

在数月的时间里，拜耳公司的一位管理人员站在窗前观察到，周一早上很多工人来上班时，都会停下脚步，捧起一把这种结晶粉末，大口吞咽下去。

当被问及这样做的原因时，工人们说这种粉末具有良好的镇痛效果，可以驱散他们周末因过度工作和过度饮酒而引起的头痛、肌肉痛等症状。

这一观察指引拜耳公司发现了该成分的显著疗效，并将其注册为商标"阿司匹林"。

如今，拜耳公司的阿司匹林已经成为世界上最受欢迎和最赚钱的通用非处方药之一（在不少国家，阿司匹林是处方药），已经为公司创造了巨额财富，金额高达数十亿美元，也许作为副产品的阿司匹林比其原来的化学制品所带来的利润更多。

你自己的副产品

在你的生活中，你的空闲时间也是一种副产品。比起浪费或是放弃，明智地使用空闲时间，可以使你变得更有价值，赚得更多薪酬，甚至成为所在领域的顶尖人才。

空闲时间是你忙碌生活中真正的副产品。

如果你过的是正常的生活，你每天会有 4 个小时自由支配的时间，也许周末就会有 16 个小时的空闲时间。

你如何度过这段空闲时间，将在很大程度上决定你的未来以及你在数月或数年之后取得的成就。

当你通过学习新理念、开发新技能来持续投资你的副产品（即你的空闲时间）的时候，经过某种奇妙的过程，这种新增加的知识和技能会和你现有的知识和技能结合起来，使你的成果大大增加，最终你会比周围的人赚得更多。

成为高收入者

根据二八定律我们得知，所有领域中前 20% 的那群人会得到那个领域中 80% 的收益。

想象一下，一个公司里有 100 名员工，他们的工资总和为 100 万美元。但是前 20% 的员工，即 20 名员工，将会获得工资总额的 80%，即 80 万美元；而另外 80 名员工，也就是后 80%，只能获得 20 万美元的工资。

继续计算下去，你会发现，前 20% 的员工平均每人获得 4 万美元（80 万美元除以 20）。

而后 80% 的员工每人获得 2 500 美元（20 万美元除以 80）。

高收入者和低收入者的收入比是多少呢？4 万除以 2 500，也就是说，虽然大家同样工作 8 小时，但两者之间的收入比是 16∶1。

放眼全世界，这个法则依然适用。前 20% 的人的工资是后 80% 的人的 16 倍。而这前 20% 的人中的前 20%（即前 4%）赚的更是多得多。

我自己的故事

24 岁的时候，我还穿着破洞的鞋，努力开始进入销售领域以获取直接佣金。另一个销售员问我是否听过二八定律，即前 20% 的销售人员可以得到全体人员收入的 80%。

在此之前，我从没听过这个帕累托原理的统计数字。但是在那个瞬间，我突然意识到，我有一个选择。我可以少赚一点，或者赚很多钱。那时，我赚的钱少得可怜。因此，我下定决心，我要不惜一切努力挺进前 20%。

这个决定改变了我的生活。从那天起，我开始去请教成功人士，了解他们做事的方式与我的有什么不同。我阅读由成功人士撰写的书籍，我收听有关成功和成功人士所做销售纪录的电台节目。我参加由成功人士举办的研讨会，在研讨会上，他们会详细解说自己是如何白手起家的。

我意识到一件事，每一个身处前 20% 的成功人士都起步于底层的 20%。如今做得好的那些人都曾经表现不佳过，几乎所有当今的富人都一度贫穷过。而顶尖人士生命中最重要的转折点就是他们下定决心要成为所在领域最优秀的人的时刻。

今天就下定决心，成为你所在领域中的前 20% 吧。如果你已经身处前 20% 的行列，那么就下决心挺进前 10% 的行列吧。

为自己设定一个清晰的目标

没有人能击中一个连看都看不见的目标，如果你连这个目标是什么都不知道，你就永远不会实现它。不论你今天身处什么领域，查明自己所在领域中前 20% 的那部分人的收入。然后，把达到他们的收入水平作为你的初始目标。

好消息是，一旦你决定进入自己所在领域的前 20%，就没有任何人、任何事可以阻挠你——只要你不退出。你自己的决心比其他任何影响都要强大。

做一个决定！在这个世界上的任何地方，我从没见过任何人，在做出了"不成功便成仁"的决定并不惜一切为之努力后，却没能挺进所在领域的前 20% 的行列。

我也从没见过任何一个人，在没有下定决心，也没有用数月甚至数年的刻苦努力来支撑这个决心的情况下，就挺进了所在领域的前 20% 的行列。

顶尖人士的座右铭是："我会坚持，直到实现目标！"

当今这个时代的问题不是收入差距，而是技能差距。那些高收入群体拥有备受需要的技能，而低收入群体则没有。

但是，技能并不像万圣节把戏那样容易掌握，而是需要经过长时间耐心、坚定的努力才能得到发展。

持续学习和成长

处于前 20% 的人会很好地利用他们的空闲时间，在整个职业生涯中，他们不断地学习和成长。这样做的结果是，他们的收入每年会增长 11%。借助复利的力量，每年以 11% 的速度增长，那么你的收入每 6.7 年就会翻一番。

这就意味着，若你从 20 岁开始每年都变得更好，每周平均用 10 个小时来学习，那么到你 27 岁的时候，你的收入会是 20 岁时的 2 倍。而到 34 岁的时候，你的收入又会翻番，是 20 岁时的 4 倍。你将成为你所在领域内收入最高的人之一。

如果你精益求精，不断提高你的生产力和表现，并且收入每年增长 11%，那么到你 39 岁的时候，你的工资又会翻一番，开始走在积累个人财富的道路上。如果你在整个生活中都保持这种节奏，那么到你 40 多岁、50 多岁的时候，你就会成为所在领域的前 10%，甚至会挺进当今世界纳税人前 1% 的行列。

前 20% 的那部分人终其一生都在学习和成长；而后 80% 的那部分人在掌握了工作所需的最基本技能后，就停止了学习和开发新技能。你属于哪种人？在未来的几年，你想成为哪种人？今天就下定决心，每周从空闲时间中抽出 10 个小时投资给你的未来，这将会是你做过的最明智的决定。

行动练习

1.利用业余时间获得额外的技能,将复利的力量运用到你的生活中。

2.下定决心加入你所在领域收入前20%的那部分人的行列。

3.弄清最高收入者在业余时间都干什么,才能保持自己的领先地位,然后你反反复复地做同样的事情,直到它们成为你思考和行动的习惯。

第五章
工作时间

> 维持住自己力所能及的最佳水平,这是你崇高的理想。如果你竭尽所能,也就足够了。
>
> ——H. W. 德雷瑟
> (H. W. Dresser)

你利用工作时间的方式将会决定你的成功、进步与收入，没有其他因素比这个更重要了。不幸的是，大多数人都没有用接近自己真实水平的能力来工作。

没有什么比好的工作习惯更能推动你快速前进，获得良好的声誉。当你高效工作时，你会吸引到越来越多的机遇。但是，通往高效率最大的阻碍之一是工作架构本身。

正如谚语里所说，"你不能在工作中完成任何工作。"

原因是，你大量的时间被别人或其他状况占据，当你与公司内外的其他人或小组一起工作时更是如此，你大量的时间都要用来回应他人的需求。

尽管如此，学会与周围其他人一起工作至关重要，他们每一个人都有与你互补的优势、知识和能力，你的工作需要他们的协助与参与。然而，问题始终是你如何在工作时间内完成工作。

将基本要素做到极致

让我们快速回顾一下高效利用时间的基本要素。

（1）设立明确的目标。你必须清楚地知道你为什么工作以及你想要完成什么。

（2）为工作制订详细计划并写到纸上。你需要详细的行动计划，按照顺序和优先级排列，这有助于追求工作的高效率。

（3）为你的工作任务设置明确的优先次序。你必须始终做最有价值的工作。

（4）所有的工作时间都用来工作。你必须学会在任何给定的时间里都集中精力专心做一件事情，也就是最重要的那件事，直到完成它为止。这需要惊人的意志力和自律，但是为了追求事业成功的回报，这些努力都是真正值得的。

时间是取得成就不可缺少的组成要素之一，你在工作中想做的任何事都需要时间，而要想获得时间去做那些真的能对你的工作和生活产生作用的事，唯一的方法就是节约你通常花费在其他事情上的时间。

鉴于你成天被那些浪费你时间、降低你效率的人和事所环绕，只有通过练习严格的自律，你才能将自己从"时间窃贼"的手中解救出来。

七大浪费时间的因素

经过成百上千份的研究和民意调查确认，在工作的世界中有七种主要的浪费时间的因素。你有效处理它们的能力将在很大程度上决定你能在所处领域中取得多大的成功。

1. 电话、电子邮件和短信的干扰

第一个造成时间浪费的主要因素是来自电话、电子邮件和短信的干扰。当电话铃声或电子邮件的提示音响起时，你的思路被打断，并从手头的工作中分心。当你挂断电话或从电脑屏幕上回过神来的时候，你会发现你很难再回到眼前的工作中。

以下七种方法可以用来对付电话和电子邮件的干扰。

（1）将电话和电子邮件用作商务工具。迅速接挂电话或者开关电脑。当你在工作的时候，不要进行社交活动。让你的接挂电话或收发短信尽可能地高效。在早上9：00到下午5：00这几个小时中，你必须约束自己把电话和电脑当作商务工具来使用，对待手机也应如此。

（2）将你的邮件或者电话设置屏蔽，或手动进行筛选。在接电话之前弄清楚来电者是谁。当陌生人给你打电话的时候，克制住你身上天生就有的好奇心。在你接电话之前，先搞清楚他们为什么致电给你。

（3）只要可能，一天之中要留出一些自己不允许被打扰的时间。不要成为电话铃声、电子邮件提示音、短信哔哔声的奴隶。让一切暂停，没有什么事情重要到等不及你在更方便的时间去处理。

（4）当你打电话或者发邮件、信息的时候，设定明确的回拨或回复时间。将你方便回信息或回电话的时间告诉其他人，切忌玩"电话捉人"或"邮件捉人"游戏。若情况紧急，留一个手机号。

（5）批量打电话或发邮件。利用学习曲线，一次性处理所有的来电或邮件。不要把一整天的时间都用在回电话和邮件上。有时，你可以将来电和邮件、信息累积到上午11:30，然后在中午之前一次性处理完。接着，你可以把它们累积到下午3:30，然后在4:30之前进行处理。

（6）提前安排好电话和电子邮件。将每一次商务通话视为一次会议，写出你的电话或信息中欲包含事项的大纲或议程。

（7）好好做笔记。当你在打电话的时候，记下你和对方说的每一个关键点。在你面前没有一沓纸、手里没有笔的情况下，不要接电话。笔记做得最好的那个人总是能掌握更多的优势和控制权。

2.不速之客

第二个造成时间浪费的主要因素是不速之客。不速之客可能会非常耗费你的时间，他们或是你公司内部的人员，或是外界人士。他们到你的办公室拜访，会干扰你的工作，打断你的思路，降低你的效率。有时，他们会不停地跟你说一些不重要的事情，从而妨碍你的工作。

你必须不惜一切代价找到可以躲避这种时间浪费者的方法。你可以做以下五件事情。

（1）为工作专门留出一段安静的时间。在一天中指定一段时间，你可以使自己可以全神贯注地工作。在这段时间里，你要拒绝任何干扰，关掉所有电子产品，为自己制作一个"请勿打扰"的指示牌并将它挂在门上。你要表达清楚，当指示牌挂出去的时候，你不想被任何人以任何借口打扰，当然紧急情况除外。

（2）当不速之客走进你的办公室或走近你的工位时，你赶快起身，仿佛正要离开一样。身体开始移动，就像你正要往外走。告诉来访者，你今天实在太忙了，有大量的工作必须完成。当有人以电话的方式打扰你的时候,你要告诉他们你正要离开工位,而且有点儿赶时间。这种说辞会促使他们直奔主题。

(3)结束讨论。若会面的时间已经持续得足够长了,你可以说"在你走之前,还有一件事"。总之,你以能想到的任何方式来结束对话,与对方握手,然后继续工作。

(4)安排特定的会面时间。为了有效应对那些不速之客,你可以安排一个彼此都方便的固定的会面时间。让你办公室的人一起会面。与你的员工进行会面,并让他们知晓在一天中的某些特定时间,你的门是开放的,那时的你是方便进行交流的。

(5)避免浪费他人的时间。尽力避免自己成为一个不速之客。若你在毫无征兆的情况下拜访了别人,要足够有礼貌地问道:"现在方便谈话吗?或者稍后我们再一起讨论?"提前征求对方的许可。令人吃惊的是,有很多人都是在毫无意识的情况下浪费了别人的时间,而自己却不知情。

若你想要提高效率,问一问其他人:"我所做的哪些事浪费了你的时间?"做好接受对方怨言的准备。不管他人说了什么,都不要去辩护或者解释。你只需向其致以谢意、认真倾听,但不要打断。

3. 会议

第三个造成时间浪费的因素是会议——不管是计划之内的，还是计划之外的。它们会耗费你 40% ~ 50% 的时间。会议是可以被计划、安排的，它们可能涉及多个人，也可能是在办公室或走廊里一对一进行的。不管何时，只要你和一个或多个人进行会谈，你就是在进行一场会议。由于规划和准备不到位，很多会议都是多余的，并且在很大程度上是一种对时间的浪费。

然而，会议并不是恶魔，而是进行信息交换、解决问题以及回顾进展的一种必要的商业手段，但必须恰当管理、有效利用。

安排一场会议前，首先判断它的成本。记住，每一场会议都消耗着与会者的时间。因此，应将会议看作实际的金钱支出，需要达到投资的预期价值和回报率。

以下七种方式可以让会议更有效率。

（1）自问这场会议是否有必要举行。如果没有必要，一旦有机会就要避免。若一场会议对于某个人来说没有必要，则确保这个人知晓他没有必要出席。

（2）创建议程表。你如果已经确认这场会议是有必要举行的，就建立一个明确的目标并写下议程表，或者将要涉及的议题列一个清单，每一个议题的旁边都写上负责人的名字。此方法同样适用于和领导、下属、客户、供应商以及任何其他人的一对一会议。当有了一个人人都遵循的既定议程时，你会惊讶地发现会议进程是多么的快速高效。

（3）按时开始，准时结束。为会议的开始和结束设定时间。最糟糕的是那些在具体时间开始，却没有明确结束时间的会议。另一个规则是：不等迟到者。假定迟到者根本就不会来了，按照计划好的时间开始会议。让准时与会的人去等迟到的人，那是对前者的不公。

（4）将最重要的议题排在首位。当起草议程的时候，你应用"二八定律"。组织议程，以便让前20%的议题首先被讨论。这样，如果时间快用完了，你也能在时间耗尽前，完成占会议总价值80%的议题。

（5）对每个结论进行总结。每讨论一个写在会议议程上的议题时，你都要进行总结并结束话题。让每一个议题都达成共识，顺利完成，然后再进行下一个议题。在进行下一个议题前，你要重述上一个议题已有的决定和共识。

（6）分配具体责任。一旦做出一个决定，就将已达成共识的行动方案的责任分配到具体个人，并为其设定截止期限。记住，没有责任分配和完成期限的讨论和协议，只是一种对话。

（7）做笔记并传阅会议记录。从会议中获得最大效率的一个关键点是与会期间一直准确做笔记，然后在24小时以内，一旦有机会就翻看会议记录。那些在会议上准确做笔记，然后一周或是一个月后还能重新翻看这些笔记的人，总是比单凭记忆来工作的人更有能力和影响力。

4. "救火"

第四个造成时间浪费的事是"救火"和应急。正当你专心地进行重要项目的时候，可能会发生一些完全出乎意料的事，让你从主要的工作中分心几分钟甚至几小时。

当有紧急情况或危机发生时，可以有以下六种应对方式。

（1）行动之前先思考。记住，缺乏思考的行动是一切失败的根源。深呼吸，冷静下来，保持积极性，拒绝反应或反应过度。相反，你只需停下来思考。花点儿时间查明到底发生了什么，在你行动之前明确问题所在。

（2）委派责任。有一条规则是，"你如果不需要做决定，就不必做决定"。你如果有可能将处理紧急情况的责任委派给其他人，那么一定要这么做。其他人也许比你更有资格处理当时的情况，或者这也许本来就是别人的责任。

（3）将它写下来。无论是何种紧急情况，你在采取行动之前将它写下来。当你写下一个问题的时候，它能帮助你保持头脑冷静、镇定、清醒、客观。在你开始采取任何行动之前，你都要准确记录到底发生了什么。

（4）确定相关事实。不要假设任何事，事实也许是危机事件中最重要的元素。提出问题，找出到底发生了什么，包括事件发生的时间、地点、经过等细节，确定谁参与了此事，然后问："我们现在能做什么？"记住，事实不会说谎。你收集到越多的事实，当你采取行动的时候，你就越有能力解决问题。

（5）制定一个策略。你如果发现自己正在处理一个反复出现的危机，那么制定一个足够简单的策略，让一般人都能操作。当危机第一次或第二次出现的时候，你要想有效解决它也许需要丰富的智慧、经验或精力。但当一场危机或问题有重复出现的趋势，而你却找不到提前消除危机的办法时，你一定要制定一个策略，以便在你缺席的情况下，一般人也能解决问题。

（6）为最坏的结果做打算。问题与危机在任何一家公司或组织的历史进程中都是正常的、自然的、无法避免的。历史上伟大的领导者所具有的品质之一就是他们注重超前思考的能力，并有能力确定可能会出现的错误。然后，他们就能提前安排应急预案。当出现问题时，他们已准备好快速转移，因为他们之前已经充分考虑过了。问问你自己，"在我的事业或个人生活中，可能发生的最糟糕的事情是什么？我该如何处理？"

5.拖延症

造成时间浪费的第五个主要因素是拖延症。拖延症不仅仅是时间的小偷，它还是生活的小偷。你停止拖延懒散、继续工作的能力能够改变你的人生。

以下七种方法可以用来克服拖延症。

（1）在纸上进行构思，进行充分准备，提前将工作中的每一步都列出来，在开始之前将工作分解成多个组成部分。

（2）在你开始之前，收集所有你将会需要的材料和工具，这样一来，在工作完成之前你就不必起身或移动了。

（3）从做一件小事开始。通常，前20%的任务会占到总价值的80%。一旦你开始工作，继续下去就变得更加容易了。

（4）将任务切分，就像"意大利香肠片"一样。有时，完成一项主要工作或项目的最佳方式就是只承担一小部分任务，只完成这一小部分任务就好。

（5）练习"瑞士干酪"法。就像干酪上面充满小孔一样，你将工作看作一块干酪，而你需要在上面打孔，选择需耗时5分钟的一部分，然后把它完成。

（6）从外部开始，先完成工作量较小的任务。通常，这种做法会帮助你克服拖延症，让你开始着手大任务。

（7）从内部开始，先做工作量较大的任务。约束自己从那项最耗费时间、需要最多努力的项目开始。一旦你完成了这个任务，相比之下，所有其他的任务看起来都似乎更容易了。

6.社交和闲聊

第六个造成时间浪费的因素是社交和闲聊，包括面对面和在线形式。社交占据了非常多的时间，据估算有75%的工作时间都花在了与他人的互动上。不幸的是，至少有一半的互动时间用在了闲聊上，与工作没有任何关系。总之，社交会占用工作时间。

如果你因为过分社交而出名，那么它还会破坏你的职业生涯。有太多人是时间的浪费者和消耗者。他们远没有动用自己的全部能力去工作，因而就有很多时间可以用于社交、闲聊。以下这些方法可以让你避免陷入过度社交。

（1）在合适的时间社交。将社交活动安排在咖啡时间、午餐时间以及下班以后。无论何时，当发现自己被卷入一场和同事之间的、与工作无关的对话时，你就说："那么，我必须回去工作了。"礼貌地打断对话，然后走开。令人吃惊的是，使用这些话也会让其他同事返回到工作中。

（2）关注结果。你是一名知识工作者，与其他知识工作者建立关系难以避免会耗费时间。你在工作中花费一些最有价值的时间用于，就公司所面临的挑战进行讨论并解决问题、给出方案。但是，这些对话必须以结果为导向，不要用来讨论最近的足球赛或者分享关于高尔夫或暑假的故事。你必须把你与知识型员工的关系、交流和讨论持续集中到你和同事正努力达成的结果上。

7. 优柔寡断和延期

优柔寡断和延期是第七个造成时间浪费的主要因素。优柔寡断所耗费的时间比人们意识到的还要多，它会带来不必要的书面工作、通信和任务，优柔寡断会浪费你和他人的时间。

优柔寡断和延期是工作中造成时间浪费的主要因素。它们可能有巨大的成本代价，会造成金钱和时间上的浪费。你必须学会如何有效地处理它们。

四种类型的决定

以下四种类型的决定是你在自己的职业生涯中必须定期处理的。

（1）只有你可以做的决定。这是其他任何人都不能做的决定，只有你有责任来做。因此，它是不可避免的事情。

（2）你可以委派出去的决定。一些决定也可以由其他人来做。让其他人得到发展，即让你的下属和孩子构建知识、远见、智慧和判断，其最佳方式之一就是让他们做出重要的决定。

（3）无法承担的决定。如果结果不佳，那么这种决定的不良后果会过于严重。一些决定如果错了，那么可能会导致公司破产或者给公司造成重大损失。一些资源方面的承诺可能过于严肃而无法挽回，这就是你无法承担的决定。

（4）有些决定是不可避免的。这样的决定需要你抓住机会采取行动，一旦延误，代价是昂贵的，然而其对你或组织的积极影响可能是巨大的。但是记住，当没有必要做决定的时候，你就有必要不做决定。

关于问题的解决，我们将在第七章中进行深入的探讨。

一次只做一件事

在工作时间中，当你和他人一起工作的时候，记住，你一次只能做一件事，而这件事应该是你当时能做的最重要的事。

有一个原则叫作"排除替代法则"。该法则认为,无论何时你选择做一件事,你也就同时选择了不做任何你在那一刻可以做的其他事。这个法则之所以如此重要,是因为很多时候你并没有选择的工作比你现在正在进行的工作要有价值得多,因为它有更大的潜在结果。

在工作中取得成功所需的最重要的品质就是,避免分心和浪费时间的能力,也就是要集中精力取得你要为之负责的最重要的结果。

你高效地做好工作以及处理好与他人关系的能力,对你取得成功必不可少。你必须时刻思考如何才能做到这一点。

行动练习

1. 把所有的工作时间都用来工作。今天就下定决心吧,尽量减少或消除对你的生活和工作毫无用处却造成时间浪费的因素。

2. 快速处理问题。严格要求自己快速、高效地处理电子邮件和即时通信,然后回到工作中去。

3. 为会议做好计划,不管是一对一会议还是小组会议,这样你就可以在最短的时间内完成最多的任务。

| 第六章 |

创意时间

> 我们已经被赋予了能力和力量,可以从内心创造理想的图景,并将其自动印制在我们的外部世界环境中。
>
> ——约翰·麦克唐纳
> (John McDonald)

创意时间是你可以花费的最重要且最有价值的时间。一个创意就可以改变你的生活，让你变得富有，而你为这个创意计划得越好，准备得越充足，你就越有可能拥有它。但是，创造力要求你摆脱生活的枷锁，让自己的思维以更高的水平发挥作用，这也就是为什么创意时间需要一种与工作时间和生产时间不同的思考模式和组织模式。

　　据说，你生活中的每一处变化都是你的思想与一个新想法相碰撞的结果。似乎，你提出或接触到的想法的数量，与你能在正确的时间准确找到合适创意的可能性之间存在直接的关系——这个合适的创意可能会完全改变你的生活，甚至让你变得富有。

　　据估计，每个人每年会产生四个创意，只要他们跟进其中任意一个创意，他们都有可能变成百万富翁。有多少次，当你看到别人开发一件新的产品或服务进而变得富有的时候，你会说"很早以前我就有过这个创意"？

　　是的，你有过，但是你并没有采取行动。关于这个创意，你没做任何事情。结果，别人提出了同样的创意并开始运作，大胆尝试，不断调试，最终使这个新创意高水平地发挥作用。你同样可以做到。

价值10亿美元的创意

2009年6月，我带着妻子与女儿在旧金山市区的出版商办公室，参加了一场与他们的全天候会议。会议在下午5点结束，我们都很累，期待着回旅馆。

但是，当走出去，到了旧金山的人行道上时，我们发现这里并没有出租车。我们走过一个街区，到了一个繁忙的十字路口，想要找一辆出租车。我们向路过的所有出租车挥手，但没有一辆车停下来。

我们走过另一个街区，来到一家饭店门口，希望能在前面的出租车停靠站打到车，但是出租车停靠站里面空空如也。我们在旧金山拥挤的交通高峰期走了半个小时，也没能找到一辆出租车带我们回旅馆。

最终，又累又饿的我们在一家饭店前停下了脚步，吃了晚饭。晚饭之后我们再次出发，走向一公里之外，位于旧金山陡峭山坡上的旅馆。这一次，我们终于找到了一辆出租车，回到了旅馆。

后来我们得知，出租车行业工会实施了所谓的"转换时间"。这是从下午 5 点到 7 点之间的一段时间，而人们在这段时间里比一天中的几乎任何其他时间都更需要出租车，但这又是出租车司机回家吃晚饭的时间。在这两个小时的时间里，他们会关掉出租车灯，拒绝载客。

采取行动的重要性

下面是有趣的部分：同一年，另有四个商人在旧金山结束了一场拖到很晚的会议，他们试图叫一辆出租车。但和我们的经历一样，他们在任何地点都没能叫到出租车，最终也是步行了相当远的距离才回到住处。他们问了和我们一样的问题："为什么在这样的一座大城市，在高峰期或其他时段都没法打到出租车？"

但是，当我们一家人回到旅馆抱怨、发牢骚的时候，这四个商人却决定创建一家新公司来填补这个需求漏洞，他们在解决打不到车的问题中发现了商机，将这家公司命名为"优步"（Uber），决心让任何人都可以通过一个免费下载且易于操作的应用软件来打到出租车。但如今，"优步"理念横扫全球，截至 2016 年，该公司市值已达 625 亿美元。

顺便说一下，在接下来的两年中，我在纽约和巴黎的下午 5 点到 7 点之间有过相同的打车经历。在那几个小时的时间里，出租车行业直接暂停服务。当"优步"在纽约和巴黎开始运行的时候，出租车司机对此感到厌恶并举行罢工。在巴黎，他们发动暴乱，烧毁"优步"司机的车。如今，"优步"在纽约和巴黎拥有的司机和汽车数量，比整个出租车行业在过去的100年间所发展出的还要多，而且还在增加。

你是一个潜在的天才

我的观点是：你被很棒的想法环绕。你需要的是一个可以改进现有产品或者创造新产品或新服务的点子，以开启你的财富之路。

阿尔伯特·爱因斯坦曾说道："每个孩子都是天生的天才。"

事实上，你天生就是一个潜在的天才。只要你明确了目标，每次将你的心力放在一件事情上，就像一束激光一样集中，那么你就几乎有能力解决任何问题，克服任何困难，实现任何你为自己设定的目标。

为激发自己创造性思维的全部能量，你对自己最重要的要求是保持思路清晰。你必须对你想要实现的目标或者你前进道路上的阻碍非常清楚。你的思路越清晰，你就能越快地将点子、人脉以及资源吸引到生活中来，而这些是你解决问题、达成目标所需要的。

创造力的类型

以下是两种主要的创造性智慧：集成智慧和原始思维。

第一种智慧形式是集成智慧，就是将你现有的信息、想法和经验合并重组，以新的、更好的、更理想的形式呈现。这就是为什么大多数的创意突破来自在特定领域拥有丰富知识和经验的人。

第二种智慧形式是原始思维，也就是你想出了别人从来没想到过的想法。这个想法可能来源于大量的知识和经验，但是，你将它带到了一个更高的层次，你完全创造了一个新的事物，如谷歌、苹果手机以及优步。

一个奇妙的发现是，你的创造能力就像一块肌肉，你越使用它，它就会变得越强壮，使用起来也越快。通过练习本书中的技巧，你可以将自己的 IQ 提升 25 个点，使自己的智力从一般或中上水平提升到天才水平。

是什么阻止了你

如果每个人都有能力以天才的水平工作，那么为什么只有很少的人能释放全部潜能，提出伟大的想法，来改变和改善自己的生活与工作呢？

创造力有三个主要的敌人：舒适区、习得性失助、对失败或拒绝的恐惧。

也许，进步的最大敌人是舒适区，这是人们以某种方式长时间（甚至经常只是很短的时间）地完成某些事后，达到的一种自满或舒适的感觉。这也就是为什么许多商业和技术上的巨大突破都来自行业外的新公司，而且是由那些没有过去经验的沉重包袱的人所进行的，因为他们没有要突破的舒适区。

自然倾向是让一个人进入一个舒适的区域，然后拒绝那个领域里任何新鲜和不同的事物。一般人拒绝任何改变，而不是乐意接受更新、更好、更快、更便宜或者更方便的方式来生产产品或提供服务。他们会说这样的话，"我们一直都是这样做的"。或者说，"我们曾经这样试过，但并不管用"。或者，"它花费太多了"。或者，"我们现在这样做有问题吗？"

许多公司都有NIH综合征，即此处不创造（not invented here）。来自行业外的人在提出新的想法时，会立即被拒绝和否认。

未能走出舒适区

2006年，苹果公司发布了最新款iPhone手机。你可以使用单个按钮激活手机，在手机屏幕上打字，给你的朋友们分享图片和电影，在社交媒体上交流，直接从iTunes商店下载音乐。

这是革命性的。人们为了能买到第一批发售的 iPhone 手机，竞相排队，甚至在街上睡觉。苹果售出了数百万台 iPhone 手机，截至 2016 年 5 月，已售出 9.47 亿多台 iPhone 手机，苹果因此成为历史上最有价值的公司之一。

2006 年，诺基亚占有世界手机消费市场的 50%。黑莓占有世界商业手机市场的 49%。这些公司的高管们可能读的是相同版本的信息："iPhone 手机只是一个玩具，只是一时的流行，人们不会对这些花里胡哨的东西一直感兴趣，他们很快就会用回我们所提供的坚实可靠的手机。"

五年之内，这两家公司都从世界领导者走向倒闭。它们对自己的成功太过自满，以至于没有做出改变。黑莓公司甚至将其研发预算减少了 50%，因为"它们非常受欢迎，不需要再创新了"。这也就说明了，不管是在商业还是在个人生活中，陷入舒适区是多么危险的一件事。

习得性无助

习得性无助是创造力的第二个敌人。人们在面对快速的变化、竞争行为或者意料之外的屏障时，会感到无助。这是人们不愿尝试新鲜和不同事物的一个最常见的原因。如果他们想到了一个用不同方式做事的点子，他们会立即拒绝它，并用回以前的方式。

当一个人试图尝试新的想法却失败的时候,习得性无助便会出现,而年轻人会一再碰到这种情况。当失败多次以后(有时甚至仅在失败一次以后),他们便得出结论——他们不能改变当前的状况或做事的方式。他们形成习得性无助,完全停止尝试新事物。这种情况可能会在人生的早期阶段发生,然后贯穿一个人的整个职业生涯。

恐惧阻碍你前进

创造力的第三个敌人是对失败的恐惧,以及它的双胞胎——对拒绝的恐惧。对失败的恐惧会引发一种无力感,就像一头被汽车前灯捕捉到的麋鹿一样惊慌。无论何时,当有人认为他们会失去时间和金钱的时候,对失败的恐惧会隐约出现在他们的头脑中,他们开始认为所有的事情都会发生问题,然后马上放弃尝试,也放弃投资新鲜或不同的事物。

此外,对拒绝的恐惧来源于对批评的恐惧,这是人们不愿尝试新鲜事物的一个主要原因。很多人都对可能出现的来自他人的负面评价十分敏感,因此,他们拒绝去做那些可能引起反对声音的新鲜或不同的事。

当你有了或者听说一个新的想法时,你要警惕自然倾向,因为它会使你滑回自己的舒适区——感觉自己不能做成事情，或者恐惧失败或拒绝，从而抵制新想法。

好消息是，几乎不费什么时间，你就可以从缺乏创造性转向极具创造力。这里有一系列的方法和技巧来解放你的创造力，我曾在75个国家给超过200万人讲过这些方法和技巧。人们经常告诉我，里面的一个或者多个方法已经改变了他们的生活，通常让他们变得富有起来。

问正确的问题

你可以立即自问以下四个问题。每个问题都可以扩展你的思维，让你发现在此之前从来没有发现过的事情。

（1）我们正在努力做什么？特别是当你正经历阻碍或者没有得到预期的结果时，询问自己这个问题。你要完全清楚自己正在努力完成的事情。你的目标改变了吗？

（2）我们是怎样做出努力的？达到目标可以有很多不同的方式。你实现目标的方式很有可能并不是最好的。唯一真正的问题是，管用吗？你目前的方法管用吗？原则是明确你的目标，但是对实现目标的方式灵活运用。

（3）我们的假设是什么？如果你正经历挫折、阻碍或者短暂的失败，自问：我对目前情况的假设是什么？

（4）如果你的假设是错误的，那怎么办？那时你将会做什么？

彼得·德鲁克（Peter Drucker）曾写道："错误的假设是每一次失败的根源。"

分析你的假设

每个人都有两种假设——明确的假设和含蓄的假设。明确的假设是你所意识到的，可以向别人明确阐释出来并加以捍卫的。

一个人在新业务中所做的第一个且最危险的明确假设是，这个产品或服务有实际的市场。但是根据《福布斯》杂志，80%的商业失败都是由一个因素造成的：消费者就是不想要你提供的产品。

即便有最好的市场调研，每年推出的新产品中还是有80%被市场淘汰，不得不停产，耗资巨大。开发和销售该产品的人是基于一项假设而行动的，他们认为自己所销售的产品是有市场的，需求量足够大，盈利空间也足够大，值得一开始就付出那么多努力将产品推向市场。

第二种类型的假设是隐晦的，或者说是无意识的，是你确信无疑的事情。这些是什么样的假设呢？

一个致命的隐含假设是：因为我想要，所以我可以。很多人认为，他们的渴望、意志力或决心是克服障碍和获得成功所必需的。但是在通常情况下，你想做什么和你能做什么之间的关系并不大。

另一个致命的隐含假设是，因为我必须做，所以我能做。真相是，你感觉某个特定目标是你取得成功所必需的，但你可能缺少知识、技能、金钱或资源来达成这一目标。

你的生活被你的假设深深影响着。你总是基于你认为真实的东西而行动，即便它根本不是真的，或者你没法证明。

挑战你的假设

做好准备思考一下，你对自己或你的事业做出最为珍贵的假设可能是完全错误的。这对大多数人来说都是一个棘手的问题。但是，每当你奋力在任何方面取得进展，或者面对一个似乎无法解决的问题或困难时，后退一步问问自己，如果我所努力的全部是错的，那怎么办？

如果我们目前所用的方法完全是错的，那怎么办？如果有完全不同的方式来达到目标，那怎么办？如果我们能做一些以前从未做过的事情，那怎么办（比如说"优步"）？"如果……怎么办"（what if）这个句式大概比其他任何词语都更能带来创造性的突破。

思维风格专家爱德华·德博诺（Edward de Bono）称之为"PO"或挑衅行动（provocation operation）。就像电牛棒一样，每当你提出一个具有挑战性的或者动摇你思想的煽动性问题的时候，你会激发创造力和创造性反应。

还有更好的方法吗？这是一个伟大的问题，有时可以使你变得富有。事实是，对于你来说，总会有更好的方法来解决任何问题，实现任何目标；总会有更好的方法来生产、销售或提供任何产品或服务。

练习再造。想象一下，从今天开始，你用你现在所知道的一切来重新开始你的事业或职业生涯。想象一下，你的事业被全部烧毁，你可以卸下过去的包袱，走过街道，重新开始。你会将哪些事情做得不一样？你会做什么或停止做什么？你会立即改变什么？

再创造练习可以让你从过去的舒适区解放出来，将你的思路打开，迎接各种新的可能性。

解放你的创造性

以下四种方法可以助你解决任何问题，做出任何改变，或者达成任何目标。

（1）你可以做更多具体的事。你应该多做些什么？答案：你可以做更多能够在今天带给你好结果的事情。它们是什么？

（2）其他事情你可以做得更少。你应该少做些什么？答案：你可以少做一些不怎么管用或者根本不管用的事情。

（3）你可以开始做一些完全新鲜且不同的事情。这是最难的一步，但通常情况下，这一步能在每个方面都产生巨大的突破。你今天可以开始做哪些你现在还没在做的事情？

（4）你可以停止做某些事。那么，你现在应该停止做什么呢？你应该停止做任何不能帮助你实现最重要目标的事情。使用在第一章所描述的"A/B 法"。

在纸上进行构思

在大脑和手指之间会发生一些奇妙的事情。当你在纸上写下一些东西时，你会触发一个被称为"精神神经运动"的活动。在一段时间内，你的大脑将精力集中在一个点上。当你写作的时候，你同时在思考、想象和运动。除了你在那一刻正在写的内容，你不可能还同时思考或关注世界上其他的东西。

因为你的精神和身体是完全投入进去的，当你将某事写下来的时候，它会自动被转到你的潜意识中。将东西写下来会大大增加你记住它们的可能性。写下你的目标，增加你实现目标的可能性。将东西写下来会激活你的创造力，它会刺激你的大脑，就像踩在你心理引擎上的加速器一样。

解决任何问题

下面做一个简单的练习。选择一个你一直在试图解决的问题，拿出一张干净的纸，把这个问题的每一个细节都写出来，写下你所掌握的关于这个情况的所有事实或信息。

问自己这样的问题：我在努力做什么？我是怎么做的？问题或目标究竟是什么？这个问题是怎么出现的？它第一次发生或出现是在什么时候？这个问题涉及哪些人？这个问题为什么会发生？它真的是一个问题吗，或者它可能是一个机遇吗？这些问题可以激发你的创造力。

当你开始动笔的时候，你会惊讶于自己的想法。一行接着一行，你会写出你正努力克服的问题的所有细节，包括所有可能的原因和许多可能的解决方案。通常情况下，经过这个练习，那个完全正确的想法或解决方法就会跳出页面呈现在你面前。

我曾经和那些与一个目标或问题斗争了几个月的人一起共

事，其实，他们原本只需要在安静的环境下花点儿时间，写出关于问题的每一个细节，就能够在几分钟之内解决问题。当他们这样做的时候，在他们面前的纸上，这个问题几乎是自己解决了自己。

你的超级意识

纵观整个历史，人们曾经谈论并写下一种更高级的思维或思想，而它对每个人都是通用的。西格蒙德·弗洛伊德（Sigmund Freud）称之为"超我"（superego），阿尔弗雷德·阿德勒（Alfred Adler）称之为"超意识"（supraconscious mind），拿破仑·希尔称之为"无限智慧"（infinite intelligence），拉尔夫·沃尔多·爱默生（Ralph Waldo Emerson）称之为"超灵"（oversoul），许多人称之为"神心"（God mind）。经过多年的研究，我更喜欢称之为"超级意识"（the superconscious mind）。

不管你怎么形容它，这种意识对你总是有用的，就像你的iPhone手机或手提电脑一样，你可以随时开启并使用它。顷刻之间，你所有的超级意识都为你所用，来助力解决你的问题，实现你的目标。

激活你的精神力量

超级意识有很多惊人的品质。

（1）只要你的目标够清晰，超级意识能够使你达成你想要的任何目标。那些不断写下、重写并思考自己目标的人，似乎能拥有源源不断的想法，可以帮助他们更快地实现目标。

（2）超级意识可以在你的整个人生中访问你之前所有的知识和经验；它也能获得别人的知识和经验，即使是隔着很远的距离。

（3）超级意识是吸引力所在。当你有一个清晰的目标时，超级意识会发出振动，将你变成一块"活的磁铁"。拥有了这个力量，你开始将达成目标所需的想法、人脉、条件和金钱吸引到你的生活中。

（4）只要目标明确，超级意识就会解决通往达成目标路上所遇到的每一个问题。

（5）超级意识会在正确的时间给你带来你恰好需要的答案。但是，这个信息是"有时效的"。你必须以某种方式立即采取行动，要不然就太迟了。

（6）你的超级意识将会给你带来实现目标所需的经验教

训，它们常常伪装成障碍、挫折和短暂的失败。你的主要任务就是研究问题或困难，然后自问：我能从这段经历中学到什么？

（7）当超级意识给你带来你所需的答案时，它将在各个方面都是完整的，并始终在你现有的能力范围之内。你能够立即根据自己的想法采取行动。答案通常会让你感到简单、有逻辑性、清晰，就像明摆着的一样。

你的超级意识往往会通过你的直觉告诉你——那种"来自内心的安静、细小的声音"。你如果聆听你的直觉并跟随它的指引，那么可能永远不会再犯错误。

幸运的是，你总是可以得到超级意识，即使你有很长一段时间没有关注过它，或者没有倾听过自己的直觉。随着你使用并信任它，它实际上会变得更强，运转得更快。

思维风暴

有另一种方法让你可以借用纸笔的力量来激活你的意识和超级意识，这种方法被称为"20个思想方法"（*20 Ideas Method*）。比起其他已发现的获得创造性思维的实际方法，此方法让更多的人变得富有，它还可以激活你的超级意识。

这是它的工作原理：拿出一张空白的纸，在纸的顶端以一个问题的形式写下你最重要的目标。例如，你可以写："在接下来的 12 个月里，或截至某个类似日期，我要怎么做才能使我的工资翻倍？"

更好的方式是，挑选一个具体的数目，写下："截至某个特定日期，我怎样才能赚到××美元？"

问题必须简单清晰，让一个 6 岁的孩子也能理解，并且就像问题本身一样，能触发实际的答案。

接下来，你要约束自己就这个问题写下至少 20 个答案。但是有一条提醒：第一次这样做的时候，你会发现这是你所经历过的最难的思维训练。

你的前 3~5 个答案会是简单明了的——多做这个或少做那个，而接下来的 3~5 个答案将会更难——你应该开始做什么或停止做什么。

再接下来的 10 个答案将会是你人生中最难的一些答案。除非你对自己施加巨大的约束力，否则你会想要放弃，退出这个练习。对于第一次进行思维风暴的人来说，这种现象是正常且自然的。

继续写下去

但是,在你约束自己继续写直到能写出至少 20 个答案的时候,一些神奇的事情将会发生。通常情况下,这些答案里有可以使你达成目标的突破性想法,或者让你朝一个新的方向出发,指引你找到正确的解决方法。

你可以将思维风暴作为你生活中的一个常规部分。每次你有一个目标的时候,将它写在一张纸上,在纸的顶端将目标写成一个问题,然后就这个问题写下 20 个答案。

对于你来说,思维风暴的最后一部分是,选择你所产生的至少一个想法,立即采取行动。当你就这些想法采取行动的时候,你保持了创造力的流动。对一个想法采取行动会触发更多的想法。对一个想法采取行动会激发你的超级意识,然后使你开始吸引可以帮助你的人脉和条件进入你的生活。

头脑风暴

广告总监亚历克斯·奥斯本(Alex Osborn)在 1946 年开发的头脑风暴法,已经成为最流行的创造性思维技巧之一,它往往会带来突破性成果。

当你把一群人聚集在一起,让他们把智力和创造力都聚焦在一个单一的问题或目标上时,你就激活并激发了团队中每一个人的思维。所有参与者都可以获得更高的思想,经常触发以前没有人想过的想法。

头脑风暴很简单,你可以在第一次做头脑风暴的时候运用以下规则。

(1)头脑风暴的团队人数为4~6人。少于4人不足以获得头脑风暴的全部价值,而多于6人则不能保证每个人都有机会分享他们最棒的想法。

(2)头脑风暴的时间控制在15~45分钟。准时开始,准时结束。当头脑风暴结束的时候,每个人都保持头脑清醒,就像在证券交易所听到最后的钟声响起一样,更多的想法将会在短时间之内被刺激出来。

(3)关键是:没有批评,没有嘲笑,不评判任何想法。头脑风暴的领导者要保持足够的积极,要表扬每一个想法,并赞扬人们的贡献。

(4)关注想法的数量而不是质量。做一个游戏,看看该小组在规定的时间内可以产生多少不同的想法,不管那些想法多么滑稽。

(5)领导者的任务是鼓励每个人贡献自己最好的想法,特别是对于那些有些害羞和保守的参与者。通常情况下,这些更安静的人如果得到分享的机会,那么他们会有更可靠的想法。

(6)委派一个人来做笔记。将每个想法记录下来,写下来。之后,你可以把这些想法打印成文,用来回顾和传阅。有时,一个好的头脑风暴会议可以改变一家公司或一个人的发展方向。

(7)鼓励参与者再次回到你这里,若他们想到了在头脑风暴会议上并没有想到的想法。记住,一个新的想法如果是在正确的时间产生的正确的想法,就是你要转变结果所需要的全部。

五步创造性思维流程

解放创造性天才来达成任何目标的起点是思路清晰。这就需要你用言语清晰地表达出你的目标。最简单的方法就是将你的目标用现在时态写下来,以单词"我"开头,用动词紧随其后。

当你说:"我在这个特定的时间达成这个特定的目标。"你的潜意识和超级意识会认为这是一个命令,并开始一天24小时为这个目标工作。

解放创造力的第二步是可视化。为你的目标创建一个明确的心理图像,就好像它已经是一个事实。你眼里看待目标的清晰度和达成目标的速度有直接关系。

第三步是让你的目标情感化——"找到感觉"。

想象并创建一种感觉，如果你实现了自己的目标，恰恰如同自己所描述和想象的一样，你会喜欢这种感觉。在你自己的心里创造出当你达成目标的时候会感受到的快乐、满足、幸福、安慰或个人自豪感。用言语表达、可视化以及情感化这三种技巧，可以激发你的创造性思维，解放你的精神力量。

对于你来说，第四个阶段是练习完全放松。完全顺其自然，让你的思想忙于别的事情，忘掉目标，做一些其他的事情让自己变得忙碌起来，以至于根本想不起目标来。在这段时间里，你的超级意识将会不间断地为你的目标工作。

第五个阶段是实现。它会在你所需要的答案或洞察映入脑海时发生，在各个方面都是完整的。

可描述化、可视化、情感化、放松以及实现，是你成为自己世界中最有创造性的人的关键。

你是一个潜在的天才。即使你长时间没有使用你那不可思议的精神能力，你依然可以通过做我们在本章中提到的练习来立即激发它们。当你充分解放创造潜力的时候，你所能达成的事情将是无阻的。

行动练习

1.为你想获得的成功和财富制定绝对清晰的目标。创建一个清晰的心理图片,想象一下当你实现这一目标时,你的生活和工作会是什么样子。

2.收集可以帮助你实现这个目标的信息。你想出越多的新想法,在合适的时间找到合适想法的可能性就会越大。

3.留出沉默和反思的时间,在这段时间里,你的超级意识会为你工作,给你带来你想要的准确的答案。

| 第七章 |

解决问题和做决定的时间

> 我已经了解到,衡量成功,与其用一个人在生命中所达到的高度,不如用他在努力争取成功的过程中所克服的障碍。
>
> ——布克·T. 华盛顿
> (Booker T. Washington)

人的一生就是一连串的难题、困难、挫折和失败。每一天，每一小时，你都在做决定，这些决定从大大小小的方面影响着你的生活。解决问题和做决定需要一种特殊的思维方式，你需要一种特殊的方式来使用时间和智慧。

你解决问题和做决定的能力是你在工作和生活中取得成功最关键的决定性因素之一。事实上，你的能力会上升到某个高度，来帮助你解决现如今你每天、每小时遇到的问题。

一个没能达成的目标仅仅是一个未能解决的问题。站在你与你想在生活中得到的任何东西之间的，便是以某种形式出现的障碍和难题。移除障碍及克服困难的能力决定了你薪资的多少和升职速度的快慢。

普适的法则

一个普适的法则是，你变成什么样的人取决于你利用大部分时间去思考的内容。

成功人士，即那些在我们的社会中处于前 10% ~ 20% 的行列的人，他们的想法与剩下的 80% ~ 90% 的人的想法有很大不同。顶尖人士的大部分时间都用来思考他们的目标。他们用大部分时间来思考前进的方向，以及他们想要完成什么。尤其是最成功的那部分人，他们思考和讨论每天要面对的必然发生的和无法避免的问题以及解决办法。

那些不幸福、不成功的人在思考和讨论什么呢？他们在思考和讨论他们遇到的问题，以及谁是应该被责备的人。

成功人士思考解决办法并且可以马上采取的行动，开始使他们向他们想要的事物前进。

规则是，你在思考什么，就会带来什么。你所凝思的任何事情都会逐渐成为你的现实。如果你思考和讨论所遇到的问题，那么它们就会成倍增加。但是，当你思考和讨论解决办法时，你会持续发现更多、更好的解决办法。

依据行动来思考

无论何时，不管你遇到什么类型的问题，马上自问如下问题：我可以做些什么？我的下一步行动是什么？

和其他方面一样，在解决问题上，明确性是你最好的朋友。

当你完全清楚想要实现的目标时，你可以更清楚地了解那些阻止你实现目标的事情。当你完全清楚地知道，为了得到想要的东西而需要做的事情的时候，你可以集中精力只做那些对你最有益处的事情。

对你来说，有两个问题。首先，问自己：今天我生活中存在的三个最大的问题是什么？

这些是你多数时候想到的问题，是你获得成功和幸福最主要的屏障。

接着，自问：针对这三个问题，最好的三个解决办法是什么？

有时，这些简单的自问会帮助你解决问题，让你既快又轻松地做出必要的决定。通常情况下，正确的解决方案是明确且明显的，你只需睁开双眼。

在13世纪，奥卡姆的威廉爵士（Sir William of Occam）提出了所谓的奥卡姆剃刀（Occam's razor）法则。这一法则就是，对于任何问题来说，最有可能的解决方案是所有可用解决方案中最简单的那一个。甚至更早的时候，苏格拉底曾说，正确的解决方案是包含尽可能少的步骤的解决方案。

对于你来说，最紧迫问题的最简单的解决方法是什么？有时，它们是如此清晰、简单，以至于你会对自己之前从没发现它们而感到惊讶。

约束理论

几年以前，以色列管理顾问艾利·高德拉特（Eliyahu Goldratt）提出了作为一种商业原则的"约束理论"。这个理论现在在世界各地被教授和使用。甚至有为期三天的研讨会，企业会培训高管们如何应用这些原则来解决问题，消除障碍物，在任何条件下都做得更好、更快。

这个理论本身很简单，它以你弄清楚自己的目标为开始——你现在处于什么位置？你想要获得什么？

在商业中，你的目标可能是一定程度的销售额、增长率、盈利能力、市场占有率或者是降低成本。

不管你的目标是什么，接下来你要问自己关键的问题：限制性因素是什么？或者，哪些约束决定了我实现这一目标的速度？

另一种提出这个问题的方式是：为什么我还没有对实现目标做好足够的准备？

你想让自己的工资翻倍吗？那么，你的收入为什么还没有翻倍呢？

对约束进行质疑

很多人制造精心的借口来证明和阐释，为什么他们还没有得到自己在生活中真正想要得到的东西。然后，他们会爱上自己的借口。无论他们在实现事业或个人目标时遇到什么样的困难和问题，他们都会找到源源不断的借口，使自己免于采取有效的行动。

当你问自己"为什么我还没有达成目标"时，你最擅长使用的借口就会跳到你面前。你将会立即想到你能找到的所有理由，来解释为什么你没能达成自己真正想要的那么多。

为什么你的工资还没有翻倍？真正的原因可能是你得到结果的能力还不够强，而这个结果是别人支付你薪酬的依据。

你为什么还没有达到理想的体重？这几乎总是因为你吃得太多而锻炼得太少。每当你躲在一个借口之后，把它甩出去，递给自己和别人的时候，你就放弃了解决问题的能力。你就陷入了"习得性无助"。

有一个方法可以测试你的借口是否有效。自问，有没有别人或组织在实现他们目标的时候遇到和我一样的问题和困难？

在你所处的领域，有没有人赚得的工资是你的两倍？有没有任何一个人，比你年轻、比你学历低或者他们在生活中拥有更少的机会，但是却做得比你好？如果你的回答是"有"，那么你的借口实际上没有根据。它不是真的，它是一种欺骗，你只是说服了自己，但它与你周围的真实世界相矛盾。

假设总有一个解决方案

如果你想解放你的全部潜能,你必须避免致命性疾病——"借口症"。这是一种分泌借口的腺体的炎症,对成功是致命的。

你可以以假设任何问题和困难都有一个等着被发现的答案或解决方法为开端。你对可以找到一个解决方法有绝对的信心,这使你变得积极、自信,更有可能解决问题。

解决问题和做出决定是你在整个生活中所做的一切工作。不管你名片上的职业描述是什么,你真正的职业都是"问题解决者"。

你的成功和晋升在很大程度上取决于你表现出来的解决目前情况下遇到的问题的能力。

亨利·基辛格(Henry Kissinger)曾经说过:"你从解决问题中得到的唯一回报就是有更大的问题来解决。"

你能解决的问题越大、越复杂,你对于你的组织而言就越有价值、越重要,你就会被支付越多的薪酬。在任何公司中,最受尊敬和最成功的人都是能够解决最大和最复杂问题的人。

专注于解决方案

你专注于一个单一问题和决定的能力,对你的成功非常重要。如果将使电灯泡发电所需的同等数量的电能集中成一束激光,那么它能够切断钢铁。当你将自己所有的精力都集中于解决一个特定的问题,或者用于实现一个特定的目标,那么你的头脑会越来越像那束激光,能够斩断你前进路上的任何障碍。

通过一遍又一遍地问答正确的问题,你可以显著提高自己解决问题的能力。数年前,在我为 IBM 举办关于解决问题和做出决定的研讨会时,我总是以鼓励参会者问一系列关键问题开场。

第一个问题是:你现在正在处理什么问题?

解决问题的最大障碍首先是,不够清楚问题到底是什么。

第二个问题是:这真的是一个问题吗?或者,它是一个机遇吗?

商业和科技领域的很多重大突破,都产生于一个完全失败的产品、服务或者实验。这种失败展现了新的信息,或者迫使人们去做一些与他们开始时完全不同的事情。并且,人们在这个新方向上,取得了令人难以置信的成功。

伟大的突破

20世纪最伟大的医学突破便是由亚历山大·弗莱明爵士（Sir Alexander Fleming）在一次失败的实验中发现的青霉素。1928年，弗莱明把一些细菌放在玻璃器皿里的琼脂上，然后便出去吃午饭。等他回来的时候，他失望地发现实验中的所有细菌都完全死掉了。这时，典型的研究人员会简单地将被污染的琼脂扔掉并重新开始实验，然而，弗莱明却发出疑问："什么样的物质如此强大，以至于能这么快地杀死所有的细菌？"

他发现，在实验室另一个地方进行的新孢子实验没有盖上盖子，这使得孢子飘浮在空气中，并落在实验室的其他地方，包括弗莱明放置在培养皿中的细菌上。这种孢子最终被分离出来，并且被命名为青霉素，它是迄今为止人类发现的最强大的抗生素。十年后，在第二次世界大战期间，青霉素使数百万生命摆脱了疾病和感染。

由于这一发现，弗莱明被英国国王授以爵位，获得了诺贝尔生理学和医学奖。他从而变得富有，并且被评为英国最受推崇和尊敬的医生之一。在今天，他同样伟大。

扩展你的定义

一旦你清楚了解了问题的定义,自问一下具有魔力的问题:还有什么问题?注意,规则是,对于一个问题而言,只有一个定义。这样一来,你越通过更多的方式来定义和重述这个问题,你越有可能得到正确的定义,从而得到正确的解决方案。慢慢来。

接下来,你要问的问题是:针对这个问题,最好的解决方式是什么?

一旦你决定了一个最佳方案,自问:还有什么可能的解决方案吗?再一次,请注意,一个问题只有一个解决方案。继续问:还有什么解决办法吗?

解决问题的一个主要障碍是,在你考虑到所有其他可能性之前,就轻易得出结论并做出决定。在你做决定以前,你提出越多的解决方案,就算什么都不做,你都越有可能想出理想的解决办法。在你能提出的问题定义和解决方案的数量与你最终确定的解决方案的质量之间,似乎存在着直接的关系。

再论思维风暴

练习前一章中介绍的思维风暴法,以便迅速提出更多的解决方案。将问题的定义以问题的形式写在纸的顶端,例如,"我们怎样才能解决这个问题或者达成这一目标？"

接着，你就要训练自己就当前的问题写出至少 20 个答案。你能想出越多的解决方案，根据概率论，你就越有可能找到正确的解决方案，它将为你带来你所渴望的突破。慢慢来。

500% 的提高

几年前，我与一家市值 2 000 万美元的公司的高管们进行了下面的练习。为达到这一水平的销售和收入，他们已经工作了 20 多年。他们的问题是，在接下来的 5 年内，如何才能使他们的销售额翻倍？

然后，我们在接下来的一个小时内写出了所有他们为达成这一目标可以运用的不同方法，以克服来自竞争的障碍和快速发展带来的挑战。接着，我们根据优先次序整理了这些想法，决定了哪些想法是输入信息，哪些想法是输出信息或结果。

最终，我们将这些任务的具体责任分配给每一个人，设定了每一项工作完成的最终期限。接下来，每个人都回到工作岗位中去。

5 年以后，他们邀请我去参加一个特殊的宴会来庆祝他们有史以来业绩最好的一年。通过应用他们产生的新想法，5 年以内，他们的销售额并不只是翻倍，而是提升到 1.05 亿美元！他们成为所在领域里的市场领导者,直至今天,他们依然是。

分配责任

一旦你清楚地确定了自己正在努力解决的真正问题并得到了最佳解决方案,那么下一个问题是:谁应该负责执行这个解决方案?

令人吃惊的是,有很多解决问题的会议是以一个清晰且达成一致的解决方案收尾,但是两周过去了,问题仍然存在。为什么会这样?因为没人被分到具体的责任来执行解决方案。

当你选定了一个特定人员来为解决方案具体负责时,你要制定可以用来确定进度的措施,以保证解决方案可以成功实施。你要设置最后期限和次级最后期限。对于越是对你公司和个人重要的解决方案,你就越应该对其进行定期检查,以确保一切都在预算之内,按时进行。

彼得定律

几年前,一位被称作劳伦斯·彼得博士(Dr. Laurence Peter)的人写了一本名为《彼得定律》(*The Peter Principle*)的书。它成为一本畅销书,让数百万人打开了眼界。彼得写道:

"组织中的每一个人都基于自己的工作能力和成果而持续获得晋升。这种晋升过程会一直持续到这个员工达到了一种状态——他不再能够以令人满意的方式工作。到达这一点后，他就停止了晋升。他的职业生涯就开始呈水平状态了。"

为此，彼得说，"最终每个人达到了自己无能的水平"。

他的批判性认识是，最终，每一个大型组织里的每一个职位都被这样的人占据——那些已经被提升到其不能胜任级别的人。他们没有能力胜任这个级别的工作，也没有能力被提升或者被降级。所有的组织，特别是政府组织，最终都会被不能胜任其工作的职工所占据。这一发现阐释了在政府机构中职工表现不佳和支出过多的现象。

你解决问题的能力

这个现象同样发生在你的生活中。当你开始一份事业时，你有给定的工作，需要你在当时的水平上解决问题，获得成果。通过解决问题、克服障碍、得到你被期望得到的结果，你展现了对工作的掌握程度，然后几乎是自然而然地，你被提升到需要负更大责任的岗位上。

在每一个新的位置上，你面临的问题将会更困难、更复杂，它们对你的成功或失败有更大的影响。当你展示出在当时的水平上你有能力解决更困难的问题，你将会得到一次又一次的自动提升。你解决问题和取得成果的能力决定了你能被提升到何种位置，在事业中能走多远。

以解决方案为导向

你要发展出一种强大的、以解决方案为导向的能力。你对解决方案的看法越多，你就会发现越多的解决方案。你越相信自己可以解决面临的任何问题，你就越有可能在合适的时间找到合适的解决方案。

确定你今天生活中的最大问题。思考一下你可以立即解决它们的步骤。然后采取持续的行动来解决你的问题，并实现你的目标。

解决问题和制定决策可以通过两种方法完成。第一种是，当你自己安静地坐下来时，在身边放一沓纸，每次将精力集中在一个问题上，写出你能想到的所有想法。

第二种是，你与一个或多个人共同合作关注一个问题或障碍。这两种方法对你的成功比其他任何事情都重要。

如果你可以正确计划和利用解决问题和制定决策的时间，那么你可以取得更多有助于你事业的进步，这几乎比你开展的其他任何活动都更有帮助。

行动练习

1.你今天要努力克服的最大问题是什么？以书面形式下定义。

2.以"我们如何解决××问题"这样的形式开头，将问题写在纸的顶端。

3.单独或与他人一起约束自己，就这个问题生成20个不同的解决方法，至少根据一个答案立即采取行动。

| 第八章 |

社交和家庭时间

> 当你回顾你的一生时,你会发现,最引人注目的时刻,自己真正活过的时刻,是你以爱的精神做事的时刻。
>
> ——亨利·德拉蒙德
> (Henry Drummond)

你与他人一起度过的时间以及花费时间的方式，决定了你人生中85%的幸福、成功或失败。

社交时间与工作时间、生产时间、创造时间以及学习时间是不同的。你在工作和事业中做到有效和成功所需的因素，与你在家庭和社交关系中做到有效和成功所需的因素是几乎相反的。

不管是在家里还是在工作中，和谐的关系都需要大量的不被干扰的时间。在你的职业生涯中，你在与他人交往过程中所做的事与所说的话，在很大程度上决定了你的未来。在每种业务以及每种经济类型中，更多的人是由于个人问题而不是缺少技术上的竞争力而被舍弃的。在家里，关系的质量比其他任何事情都更重要。

在生活中，有一个简单的公式：QR × QR=PS。该公式可以表述为你的关系的数量乘以这些关系的质量，等于你个人的成功。

在家庭中，你爱的人和爱你的人对你的回报将决定你情感生活的质量。你对配偶、同事或朋友的选择将在很大程度上决定你能得到多大程度的幸福与满足。

为一段关系增加价值的唯一方式便是为那段关系投入更多的时间。你在一段关系中投入的时间数量与你和对方将有的关系质量之间有直接关系。没有什么能代替时间——通常是指面对面相处的时间。

平衡是至关重要的

要变得真正开心，你就必须在家庭/人际关系和工作生活之间达到一种平衡。但是，每一种活动都需要耗费一种不同类型的时间。工作需要优质时间来设置目标和优先级，从事高价值的活动、得到成绩以及表现出最佳的自己。家庭时光需要相处时间——一种长期不间断的时间，这段时间包含着那些你生命中最幸福、最重要的时刻。

有人说，我们以日和月来度过生命，但却以时刻来体验人生。当你回首时，你会发现，生命中最重要的时刻总是不请自来的、意料之外的，经常完全是充满惊喜的。你无法为它们做计划或做准备。

随笔作家米歇尔·德·蒙田（Michel de Montaigne）曾写道："生活中最大的欢喜便是幸福的回忆，你可以随时重温它们。

因此，生活中最伟大的事业便是尽可能多地创造幸福的回忆。"

通过允许自己拥有大量的放松、松散的时间来制造回忆，在这样的时间里，那些意料之外的回忆会出现。而且，你永远不知道它们将在何时发生。

存乎中，形于外

你想努力工作取得事业成功的一个主要目的是，要让自己和对你来说最重要的人享受更高标准、更高质量的生活。只有当你外在的行为与内在的价值观一致或者协调的时候，你才会获得真正的幸福感。缺乏一致性，会让你的生活失衡，这是压力和不幸福的主要来源，同时是身体和精神疾病的主要来源。

很多人，尤其是男人，他们说对于他们而言，家庭比其他任何事情都重要。他们说，自己如此努力工作的主要原因就是想为家人提供更好的生活。但是，然后呢？他们长时间地工作，很晚回到家，一回到家就看电视，周末去打高尔夫球。最近的研究表明，父亲每天陪伴孩子的平均时间是 8 分钟。

这种时间分配方式可能会造成相当大的压力。就像一辆车若有一个车轮不稳，它就会震动摇晃。当你的生活失衡的时候，你的生活就会开始摇晃，变得不幸福且充满压力。

想象你的理想生活

对你来说，让你的生活进入平衡状态的起点是练习"理想化"。想象一下，你可以挥舞魔杖，让你的家庭和个人生活处处变得完美。那将会是什么样子？你将拥有什么样的生活方式？你将在哪里生活？你将在哪里工作？你将做什么？你会活成什么样的人，和谁一起工作？你理想中的生活与目前的生活有什么不同？

在你的工作和个人生活中练习零基础思维。自问：根据现在我所知道的，有没有什么我现在生活中正在做的事情，如果再给我一次机会，我当时就不会去做？

你可以将这个问题应用到你各种各样的关系中。生活当中有没有那么一个人，私交或者商业伙伴，根据你现在的认知，你不愿再与他有交集？

若答案是肯定的，那么下一个问题就简单了：我要怎样做才能摆脱这种情况，怎样才能快速摆脱呢？

令人吃惊的是，有多少人因为持续维持一段关系而不开心、有压力且没有成就感，若再有一次机会，基于他们现在的认识以及经验，他们不会再蹚入这段关系。

我所发现的是，就你目前所知的情况，如果今天你不愿再次和某人建立关系，那么这段关系就已经结束了。它结束了，无法被拯救。现在唯一的问题是：在你承认这段关系已经结束之前，你还要忍受多久？还要付出多少？

让你的关系井然有序

利用时间的最好方式之一是让你的关系井然有序。定期检查每一段重要的关系，然后问如下的问题：

如果我想让我们两人都更开心，我应该更多地做些什么呢？

我应该怎样做才能提升这段关系的质量？

如果我想改善这段关系，那么从今天起，我应该做哪些我现在没做的事？

为了改善这段关系，我应该完全放弃做哪些事？

几年前，在我发现这些问题之后，我回到家和我的妻子及年幼的孩子坐在一起。我问他们，想让我更多或更少地做些什么来成为一个更好的丈夫和爸爸，想让我开始做什么或者完全停止做什么来让他们更幸福？

他们毫不犹豫地给我提了几条建议，关于我需要多做或少做、开始或结束的事情。我对于我竟然有这么大的改善空间而感到吃惊。没有争吵和辩护，我接受了他们的建议并采取了行动。这需要很大的勇气，但这是我曾参与过的最好的家庭建设运动。你可以试试看。

真正重要的是什么

这里有一个好方法让你改善关系质量和家庭生活。自问：如果我今天得知我的生命只剩下 6 个月的时间，我将做什么？我将如何度过这些时间？

这是一个很好的问题。你会更多或更少地做些什么？你将开始或停止做什么？你究竟将如何度过最后的 6 个月？你的答案十有八九会涉及你生活中的人，与人们就过去的事情和解，并与最重要的人一起度过剩下的时间。

规则是：假设你意识到你的生命只剩很短的一段时间，无论你想做什么，你都应该立即开始去做。你应该把你的答案纳入你的生活，不要等到为时已晚。

与你的家人充分在一起

拥有一个幸福人生的关键就是花更多的时间与家人在一起。但是，这究竟意味着什么呢？它意味着，当你与家人在一起的时候，你真的有 100% 的时间。关掉电视和电脑，关掉手机或将其设置成静音模式，合上你正在阅读的书，叠起报纸。

扫除所有的障碍。一心一意地关注对方，好像他是这个世界上最重要的人。只有当你们相视而坐、耳鬓厮磨、促膝长谈、心心相印的时候，你才真正地与对方在一起。只有当你出现在一个人眼前的时候，你才真正地在与她共度时光。当你和她谈话、聚精会神地倾听她的回答、把注意力全放在她身上的时候，你才完全被她吸引。

当你的家人想要跟你交谈的时候，你不管在做什么，都停下来，将注意力完全放在他们身上，关注他们说了什么。你要让对方明白，在那一刻他们是世界上最重要的人。

信任和喜爱度

不管是在工作中还是在家里，人际关系成功所需的最重要的品质是信任和喜爱度。只要别人喜欢并信任你，你们的关系便可以承受许多问题和困难。但是，如果信任和尊重消失了，那么关系破裂只是时间问题。

规则是：倾听可以建立信任。

你倾听的次数和质量与你和别人建立的温暖与信任程度之间，有直接的关系。

以下四种方法可以让你做到有效倾听。当你和你遇到的每一个人实践这些倾听技巧的时候,你将会对结果大吃一惊。

1. 用心倾听

当一个人和你讲话的时候,你要马上停下你正在做的事,直接面向对方,目光聚焦于她的嘴唇,偶尔看向她的双眼,身体前倾,点头,微笑,积极参与到与对方的交谈中。

最重要的是,不要打断对方。你在她讲话时打断她,就像某个人正走在人行道上时,你伸出脚将她绊倒一样。打断对方会让她情绪受挫,这会使她感到生气和挫败。打断别人会立刻降低你带给她的信任和温暖的程度。

认真倾听是奉承的最高境界。当她讲话的时候,你认真倾听,那么你的这种行为实际上会在情感和身体上给予她影响。她的心跳加速,自尊心上涨。当你认真倾听他人的时候,人们也会更喜欢他们自己,因此也会更喜欢你。

2. 做出回应前先暂停

当他人停止讲话的时候,保持几秒钟的沉默,或者更长时间,抵制住渴望立即表达自己观点或看法的冲动。

大多数人不愿倾听他人,他们只是有礼貌地等待,直到他们可以插入自己的评价或言论。俗话说:"大多数的交谈不是倾听,而是等待。"但是,当其他人结束讲话后,你在做出回应前如果能够给予停顿,你就会得到以下三个了不起的好处。

第一,如果她只是在继续讲话之前进行停顿以理清思绪,你就规避了打断别人的风险。

第二,你用沉默告诉她,你真的很重视她说的话,引申开来,你通过停顿以及沉默表现了你对她的重视。

第三,当你停顿的时候,实际上你是在更高层次上倾听他人。通过让对方的话被深刻领会几秒钟,你能真正明白对方说了什么以及没有说什么。

3.问题澄清

永远不要假设你完全理解了对方所说的内容及所指。如果有任何问题,你可以微笑着问:"这是什么意思?"

无论在什么语言中,这个问题都充满魔力。当你问一个人这个问题的时候,对方将会继续说下去,并且展开刚刚所说的内容。

你也可以问:"这究竟是怎么回事?"

这个问题利好的一面是,它是"无形的"。你可以一遍又一遍地问这个问题,对方永远不会只听这个问题本身。相反,她会立即将注意力放在她的答案上,在她继续讲话的过程中,她会把答案说给你听。

规则是：提出问题的那个人拥有控制权。

提出问题的那个人以一种非常微妙的方式控制着那个正在回答问题的人。在与他人的交谈中变得迷人的秘诀是问问题，微笑、点头、热情地倾听，给予对方回应，好像她正在说的事情是你听过的最重要、最有吸引力的事情。你第一次尝试这种方法的时候，你会被他人的反应震惊。

4.反馈

进行有效倾听的第四个关键是用你自己的话进行反馈。与其立即给出回应，不如问类似的问题："让我确认一下我是否真的理解了你刚刚所说的内容。你的意思是这个或那个，或是其他的什么吗？"

这被称为"倾听的决定性测验"。当你将一个人刚刚跟你说的话用自己的语言加以反馈，或者重述她的思想或想法，你等于在向她证明你是真的在倾听。这样一来，她会更加喜欢并尊重你，也更容易接受你。

社交关系中的说服力

《情商》(*Emotional Intelligence*) 的作者丹尼尔·戈尔曼

（Daniel Goleman）在接受《财富》杂志的采访时说道，情商最高级的表现形式，也是对人类最有益、最重要的品质，那就是说服力。生活中各个领域里的成功人士都比其他人更有说服力。他们拥有难得的能力来说服别人与他们合作或者赞同他们的想法。

美国总统德怀特·D.艾森豪威尔（Dwight D. Eisenhower）曾说过："领导力的关键在于让人们去做你想让他们去做的事，并让他们以为这是他们自己的想法。"

变得更有说服力的最佳方式是，问一些经过深思熟虑得出的、有组织的问题，把周围的人带到你的观点中。倾听也许是你可以实践的最有力的说服因素。

与人成功交往的七个关键

戴尔·卡耐基（Dale Carnegie）在他的畅销书《人性的弱点》（How to Win Friends and Influence People）中写道："人性最深处的渴望是需要觉得自己重要。"

心理学家表明，你自尊的程度存在于你人格的核心中，它包括你自爱与自重的程度，你感觉自己有多重要以及多有价值。

你的自尊心决定了你自我满意的程度以及和他人之间的关系。你自尊的程度决定了你设置的目标以及你在实现目标的路上能坚持多久。你自尊的程度决定了你的每一天有多快乐。

你可以使用以下七种方法让别人感到他们自己很重要，提升他们的自尊心以及自信心，让他们对自己感到满意。

1. 保持乐观

拒绝批评、抱怨或因为任何事谴责任何人。不管因为什么原因，每当你批评别人的时候，你就是在打击他们的自尊心，夺走他们的自重，损害他们的自信。批评、抱怨和谴责会让别人感到生气和不快。

毁灭性的批评经历在所有行为中是最伤人的。成人生活中出现的多数不幸与问题的主要原因是他们在童年时期遭受的毁灭性的批评经历。所以，把这类词语从你的词汇表中清除吧。

2. 让人愉快

让人愉快意味着你从不争吵。不要告诉人们他们错了。这会让他们感到生气，并带有防御性。他们停下来，对你关闭心门。如果你告诉他们，他们是错的，你就打击了他们的自尊心，使得他们开始抵制你向他们证明他们犯了错误的努力。

相反，当某人说了你并不认同的事时，你可以通过问一些问题来掌控你们的对话。例如：你为什么那么说？你从哪里听到的？

与其争吵，不如保持好奇心，询问他人是否可以帮助你理解他们所说的观点。练习你的倾听技巧，微笑，点头，并集中注意力。

在很多情况下，即使一个人的主题完全错了，那也没什么大不了。顺其自然，那真的没关系。

3.练习接纳

每个人潜意识最深处的需求之一是被他人所接受，接受他这个人本来的样子，不带有任何评价和批评。全国范围及全世界范围内的私人、政治及社会问题，都是由那些呼喊着要被别人接受的人所引起的。

那么，你怎样表达接纳呢？很简单，每当你遇到一个人的时候，你就对他微笑。每当你微笑的时候，你就是在告诉别人你无条件地接受他们。你是在告诉他们，他们是重要的、有价值的。这样一来，他们会更喜欢并接纳自己。他们对自己感到更快乐，同时会对你感到更开心。

4.表示感激

在任何语言中，最有魔力的词大概就是谢谢了。每当你因为他人的言语或行动而对其表示感谢时，对方的自尊心会迅速攀升。他会更加自爱与自重，也会更开心。接着，他会敞开心扉，做更多类似的让你开心的事，使你能够再次向他表示感谢。

5.练习欣赏

抓住每一个机会来表达你对他人的欣赏。正如亚伯拉罕·林肯（Abraham Lincoln）曾说的那样："每个人都喜欢赞美。"

你可以赞美别人的所有物、取得的成就以及他们的人格特质。赞美房主漂亮的房子——这座房子被装饰得有多美；赞美商人的办公场所和营业场所；赞美人们取得的成就以及他们的学历与获得的奖项。你总能找到可以赞美的东西，当你这么做的时候，你不仅提升了别人的自尊心，让他们觉得自己很重要，还会自我感觉更好、更开心。

6.表达赞扬和认可

你要因别人为你做的一切而对他们表示赞扬，不管事情大小。自尊心的一个定义是，这个人在多大程度上感受到值得被称赞。你的自尊心是由你感觉自己有多值得被他人赞扬和尊重而决定的。

当今世界，所有的对赞美、认可和奖励的争取，都是为了满足人们内心深处对获得别人认可的需要。当你满足了与你交谈的每一个人的这一需求，你就提升了他的自尊心，增加了他与你合作的渴望。

7.给予关注

当他们想要交流的时候,请倾听。当你关注他人的时候,你就是在以无声的方式告诉对方——你认为他是有价值且重要的。这就是我们前文说到的倾听的奇妙之处。

你总是关注那些你最重视的人,同时你会忽视你不重视的人。实际上,在你忽视他们的时候,你就在心里降低了他们的价值,让他们觉得自己不太重要。

有一个例子:想象一下,你正与他人进行一场面对面的对话。然而,当对方正在讲话的时候,你却把目光移开,停止倾听。对方会有什么感觉呢?在谈话中途,如果有人把脸转过去停止听你讲话,你会有何感想?

你越关注他人,他也就越能感受到自己的价值和重要性。这样一来,他就会喜欢并信任你,喜欢与你在一起。关注他人是满足其深切的情感需求的最便捷方式,可以让他们觉得自己重要,并因此感到高兴。

成功的好处

几年前,在从圣迭戈到芝加哥的航班上,我发现自己坐在一个商人的身边。原来,他是一位富有且成功的总经理,创立了一家价值3亿美元的公司。在行程中,他给我讲了一个令我永生难忘的故事。

他说，他在圣迭戈刚刚结束一个为期三天的会议，与会者中还有其他几位总经理，这场会议以在一家昂贵的餐厅进行的令人愉悦的晚餐收尾。

所有这些人几乎都是或完全是白手起家的，经过几年的奋斗获得了成功。当他们高谈阔论分享成功的时候，小组里有一个成员大声地说："什么是成功？"

因为这个人是在场所有人中最有智慧、最有见解的人之一，所以大家都安静下来，等待他的答案。接着，他说："成功意味着在你的人生中没有更难对付的人了。"（实际上，他用的是另一个比"难对付的人"感情色彩更重的词。你可以发挥你的想象力。）

一个简单的事实

每个人都大笑并表示赞同。他们所有人都承认，成功——尤其是财务上的成功——带来的最大的幸事之一是，你可以因为任何元素决定不与那些消极的人有来往。你不必让他们进入你的生活，如果他们已经存在了，你能够让他们从你的生活中离去。你可以决定只和那些你喜欢、尊敬并欣赏的人一起生活和工作。

问题是：最开始，你为什么允许消极的人进入你的生活呢？

消极的人几乎是你所有不开心的主要源头。他们会比其他所有因素加在一起更能带给你痛苦、愤怒、挫败感、烦恼以及忧虑。一开始，你为什么允许他们进入你的生活呢？

答案是：你认为你最终从这段关系中得到的奖励和利益比忍受它所带来的消耗、痛苦和愤怒更多。

但以下是重点：你从持续与一个消极或者难对付的人的交往中得到过任何好的、有益处的东西吗？答案通常是没有。不管你忍受消极的人多长时间，到了最后，你不会得到任何持久的利益。事实上，相反的一面可能是真的。消极关系对你的损耗是巨大的，并且从来没有产生任何可以相抵消的好处。

伟大的教训

下面是关键：最富有、最成功的人最终都达到了一种程度，他们拒绝让任何消极的人存在于他们的生命中。由于你生命中的那些消极的人从来没有带给你任何利益和益处，因此你现在可以下定决心，跟世界上最富有、最成功的人士做同样的事情。就在此刻，你可以下定决心，让所有消极的人从你的生活中消失。

从这一刻下定决心，你的生命里不欢迎难对付的人。如果他们目前还存在，你要马上摆脱他们。从现在起，你将只和你喜欢并欣赏的人一起生活与工作。马上下定决心，你将完全拒绝与那些以任何方式让你感到不开心和消极的人扯上关系。

这将是你有史以来做的最重要且最棒的决定之一。决定将一个消极的人从你的生命中移除的行为，将会让你获得笑容，感到快乐。你甚至会在真正采取行动之前，就有一种如释重负的感觉。

就你目前所知，你的生活中是否存在这样一个人——如果今天再给你一次机会，你不会让他回到你的生活中？这是你将自问自答的最重要的问题之一。

社交和家庭时间毫无疑问是你生命中最重要的时间。你每一天甚至每一秒对待这些时间的方式，会比其他任何因素给你的幸福和成功带来更大的影响。

> **行动练习**
>
> 1. 明确你生活中最重要的人，这些人的健康、快乐和自尊与你的健康、快乐和自尊有重大关系。
>
> 2. 确定你可以说或做的最重要的事，来让他们变得更幸福，感到自己更有价值。
>
> 3. 今天就下定决心，每天对某人做一些事或说一些话来达到让他们感到自己更有价值、更重要的目的。

| 第九章 |

休息和放松的时间

> 在人的内心深处,蕴藏着那些一直在沉睡的力量,那些将会令人吃惊,但人们从来没想过会拥有的力量。这些力量一旦被唤醒并被付诸行动,将彻底改变人们的生活。
>
> ——奥里森·斯维特·马登
> (Orison Swett Marden)

所有种类的时间，每分钟、每小时都是不同的。到目前为止，你已经意识到，目标设定时间、创意时间和社交时间之间有很大的不同。工作时间和用来休息与休整的时间，也有很大的不同。

就像对于生产时间，你需要在当时密切关注并在如何最有价值地利用时间上集中注意力；对于休息和放松的时间，你需要退一步，不做任何有生产力或者重要的事情。

那些几乎完全白手起家、在职业生涯中变得富有的有钱人，与常人或穷人相比，其睡眠时间更长，并拥有更多的休息时间。你也应该用更多的时间来休息，并给你的"精神电池"充电。

知识工作的本质

你是一名知识工作者，你用心智和头脑工作。你不是一名工厂工人或农民，需要用肌肉来工作，以制造或搬运物品谋生。你的生活质量在相当大的程度上取决于你思考的质量。

你为你的生意和事业带来的最宝贵的财富便是精力充沛的思考时间。只有当你有充足的休息时间时，充足的思考时间才会出现，你才能平静且清晰地思考，做出正确的决定，让自己不仅表现优异，还能与他人很好地合作。

你的公司雇用的是你的大脑，以及你能用它来做的事情。你的工作和职责就是确保你带着一个休息过的、精神焕发的、警醒且敏捷的大脑来工作，专注于你所需要取得的结果。

很多人认为他们的休息是否充分并不重要。他们认为，他们投入工作多少个小时比那些时间的质量更重要。但这是不正确的。大量研究表明，工作 8 小时以后，你的思考能力开始下降。工作 10 小时以后，你只有 50% 的能力在运行。你就像是在经历最后一个回合战斗的拳击手一样，虽然依然能够站稳脚跟并动作缓慢地出击，但却没有取得多大进展。

你的大脑像一节电池

你可以把你的身体想象成随时接送你的大脑去工作的载体。你需要一个充分休息过的身体来携带一个充分休息且重振精神的大脑去工作，这样你才能有良好的表现。

把你的大脑想象成一节电池，随着时间的流逝，它会消耗能量，排出电量，最终电量用光。据估计，你足足有80%的能量是由智力活动而不是生理活动所消耗的。这也就是为什么在一个漫长的工作日结束时，或在一场紧张的会议之后，你感到疲劳，甚至觉得身体被掏空，几乎都不能决定晚餐吃什么。你的大脑运行所需的能量——葡萄糖，大部分都被消耗光了。

就像一部手机需要定时充电以便能以最高性能运行一样，你也需要定期为你的大脑充电。你需要留出特定的时间，经常需要利用更长的时间，来为你的大脑电池充分充电，以便你能在大部分时间里保持警觉和敏锐。

多巴胺的危险

正如我在前面章节里提到的那样，如今我们生活在一个充满电子干扰的时代。如果你不能掌控你周围的世界，你将会发现自己每天被电子邮件、即时信息和手机来电轰炸。每当你去应对一个让你感到好奇且新鲜的电子邮件或短信时，你的身体会释放一阵多巴胺，它与在可卡因中发现的化学物质是一样的。这种多巴胺是一种兴奋剂，实际上会使你产生一种短暂的快乐。

这种刺激和愉悦的感觉会促使你重复这个过程，去回复下一个信息和邮件，或者去给别人发送一封新邮件或信息。一旦你在早上回复了第一封邮件，首先得到了多巴胺的刺激，你会发现越来越难以控制不去回复传入的信息，最终，你完全没有了抵抗力。

一旦你查阅了第一封邮件或者回复了第一条短信，你会发现自己一整天都陷入回应电子设备的刺激。最近的研究表明，电子邮件传入的声音与自动贩卖机的铃声和硬币落下的声音很像。它们使你马上变得好奇，想知道自己刚刚赢得了什么。这就是为什么你如果要完全放松的话，一定要停止做所有的事。

注意你的身心健康，也就是你的"机器"，这是必要的，并且比其他任何东西都重要，这能为你的健康、快乐和长期的成功提供保障。

你的健康和幸福比其他任何因素对你的生活质量都更重要。为了让自己表现良好，休息是必需的。你需要长时间完全的休息和放松，这个时候你什么都不要做，只为你的精神、身体和情感电池充电就好。

文斯·隆巴迪（Vince Lombardi）曾说道："疲劳会使我们所有人变成懦夫。"当你非常疲劳、精疲力竭的时候，你对压力和否定会很敏感，很可能变得生气和不耐烦，可能会做一些不利于你自身长期利益的选择和决定。

将休息设置为优先考虑的事情

有时,最大限度利用时间的方式是早点回家睡觉,晚上 8 点或 9 点就上床睡觉,保证睡眠时间在 9~10 个小时,给你的身心电池都充满电。

当你的生活中有很多事情要做的时候,当你有重要的决定和选择要做的时候,对此,最好的建议通常是睡觉。推迟做任何重要的决定,直到你完全休息好再说。

许多年前,我的导师——一位成功的企业主管人员,给了我一本名叫"为精神消化抽出时间"(Take Time Out for Mental Digestion)的小册子。在这本小册子里,我永远不会忘记的是,该作者建议读者在做出一个重要的选择或决定前,用 72 个小时来思考。事实证明,这是许多高管获得成功的秘诀。

你越花费时间去考虑一个重要的决定,你就越能做出一个高质量的决定。这是因为你有机会去休息并好好考虑,你让这个决定反复出现在你的脑海里,仔细考虑这个决定带来的所有的影响。

为走得更快而慢下来

多数人感到他们有太多的事情要做,但是拥有的时间太少。

他们没有时间进行我们所推荐的这种休息。他们觉得不得不在早上早早起床开始工作，然后努力工作一整天，有时到了晚上还会把工作带回家，一直工作到上床睡觉前为止。但这种做法是不对的。

有一个故事，讲的是一个小女孩去问她的妈妈："妈妈，为什么爸爸每晚都带着一个装满工作的公文包回家，一直工作，从来不花时间和我们在一起呢？"

她的妈妈温柔地回答道："亲爱的，你一定要理解爸爸。爸爸有太多的工作要做，因此为了赶上进度，他不得不将工作带回家。"

小女孩说道："妈妈，那为什么他们不把爸爸放到一个慢班里呢？"

当心，不要成为一个不堪工作重负、不能保持领先水平的人，从而导致自己被放到一个慢班里。

违反帕金森定律

人们有太多的事情要做却拥有太少的时间的主要原因是，普通人将50%的工作时间都用在了闲聊、查看邮件、吃午饭、喝咖啡以及从事其他非工作活动上。这也就是为什么最伟大的成功法则之一是将工作时间全部用来工作。

英国历史学家C.诺斯科特·帕金森（C. Northcote Parkinson）在很多年前写过一本叫作《帕金森定律》（*Parkinson's Law*）的书。在该书中，帕金森提出了一个著名的发现——"不断扩展工作以填补为工作预留的时间"。如果你有8小时来完成一定数量的工作，那么你就会把工作做满8小时，你很有可能会在一天结束的时候才急急忙忙地完成你的工作。

帕金森定律的反面是"缩减工作来填补为工作预留的时间"。这意味着，你如果给自己一个完成所有工作的更严格的截止时间，那么将会工作得更快、更有效率，甚至经常仅仅用几个小时就做完一整天的工作。

为自己设定最后的期限

在我的研讨班中有一位与会者，他是一位成功的商人，他给我讲了一个有趣的故事。他说在他结婚的时候，他曾承诺妻子每晚会在6点准时回家，每天将花费至少2个小时与她一起度过，周末在一起的时间会更多。当他的孩子们出生以后，他把每天与家人在一起的时间增加到3个小时，周末会花更多的时间与他们在一起。他告诉我，如果他不得不出门的话，他将严格地通过花费更多的时间陪伴妻子与孩子来弥补那些失去的时间。

他说，这个在他的事业早期所做的承诺改变了他的人生。为了遵守诺言，他规定自己要有效率地工作，并且一整天都在做那些最重要的工作。他更早一点儿开始工作，更努力一些去工作，准时结束工作，然后在晚上 6 点的时候回家与家人共进晚餐。他成为所在行业中最具生产力的高管之一，成为一个非常富有的人。他表示，给妻子的承诺是他做过的最重要的事情之一。

你也可以做同样的事情。记住，这个过程中重要的不是你所投入的小时数，而是你在这段时间里的产量。为了工作的质量和数量都达到最佳，你需要经过充分休息，然后投入每天的每一个用于工作的时间。不管是为了你自己还是为了公司，你都值得这么做。

守安息日

正统的犹太人以特殊的方式来纪念安息日，并将这种行为作为他们宗教活动的重要组成部分。从周五日落到周六日落，他们在这段时间避免从事任何形式的工作。他们拿出完整的 24 小时，来进行宗教和家庭活动。

这是一个非常棒的观念，很多年前我将它应用到我的生活中，与此同时，我的很多学生也加入其中。每周，我规定自己腾出至少一整天，在这一整天里完全不做任何工作。你所需做的事便是用两个整晚来休息，其间不要进行工作。

一个晚上的休息似乎并不够。你需要的是一整晚深度、高质量的睡眠，一整天的完全放松和休整，接着再来一整晚的睡眠。这36个小时过去以后，你的思路会更清晰，你会更警醒、更有创造力；你将会更开心、更积极。你的个性将得到改善，你会成为一个更好的丈夫、妻子、同事或朋友，也会更享受周围的一切。休息可以做到的事情真的令人吃惊。

不允许有例外

在这36个小时里，你必须规定自己关掉电脑，拒绝做任何工作，甚至不去阅读从办公室带回来的报纸和工作文件，也不要去回复手机上冗长的业务邮件。仅仅停下来，拒绝做任何需要集中精力或心智能量的事情。

看看会发生什么：如果你仅仅是通过处理一份文件来打断一天的休息，这就像是把插头从插座上猛地一下拔出来一样——充电过程中止，你停止了休息。如果你没有让自己一整天连续不断地休息，那么你的精神电池就不会充满电。如果你中断休息，那么你最终不会得到太多的休整。

你是否经常感觉休假回来比你离开的时候更累？原因是你一直在不停地工作。

起初，你会发现36个小时完全停止工作这种想法是很难实施的。这是因为你可能会觉得自己是在跑步机上。不管你做完多少工作，你永远确信有更多的工作需要做。更糟的是，如果你正在做的工作是你所喜欢且能得到对你很重要的成绩的，那么对于你来说，将工作带到夜里甚至渗透到周末都是很正常、自然且容易发生的事。与继续工作下去相比，停止工作通常会需要更强大的约束力。

一个性格测试

把这当作一个性格测试。如果你不能有意地中断这种一周工作七天的工作方式，你很快就会陷入大部分时间都在工作的陷阱。你发现自己不断地查收电子邮件、回复短信、开始新的工作，总是被接上电源不断与别人联系。你会变成一匹一整天都在拉着车转圈的马，永不停歇。

但是对于你来说，真正通往成功、取得高水平的生产力和绩效的关键是在一段时间里完全断开和外界的连接。每周至少在36个小时里关掉电脑，拒绝重新开启或查看。如果你想查看的话，可以用手机，但是要约束自己在休息时间内推迟回复信息。

好消息是，一旦你给精神和身体再次充满电，你就不会在工作中落后；相反，你将会在接下来的2~3个小时内，以更高的质量完成更多的工作，比你在身心疲惫的时候一整天完成的工作还要多。通常情况下，在经历了一个轻松的周末或者长假以后，你将拥有最好的创意和突破性。

做富人做的事

你知道那些富人会去全世界风景优美的度假胜地度过一个长假。你会在游轮上收到一些小册子，上面写着奢侈的度假信息。你可能想知道这些可以有这么多假期的人，同时还很富有，他们是怎么做到的。

答案很简单。他们高度重视为自己的"电池"充电。而且，他们几乎总是和其他成功人士一起度假。在放松休息期间，他们会进行关于他们正在从事的工作、商业机会以及可能性、新突破、新发现的社交和畅谈。当他们得到了完全的休息，从假期中回来时，他们的头脑中闪烁着新的想法和见解，他们可以利用这些在未来赚得更多的财富。

缺少睡眠会伤害到你

与此同时，收入水平仅达平均值的人和大多数的穷人都过度劳累。他们可能长时间地工作，但是他们每晚回到家后，花费5~7个小时看电视，直到看得太累了才会上床睡觉。他们只有

6～7个小时的睡眠时间，醒来的第一件事就是再次打开电视。

我们中的大多数人，差不多有70%的人，都缺乏睡眠。这是一个隐患。大多数人每晚不能拥有8～9个小时的睡眠时间，也就是被建议的、用来让你的身心能量完全充满电的最小值，而是试图让自己靠着6～7个小时的睡眠勉强对付，有时甚至更少，尤其是当他们睡眠质量不佳的时候。

结果，他们每晚都累积缺少1～2个小时的睡眠时间。随着时间的推移，这些人变得越来越疲惫，他们的精神能量越来越少。在工作中，他们只是走过场，消耗大量的咖啡和含有咖啡因的软饮料来使自己保持清醒。他们没完没了地与同事交谈，因为他们的对话基本不需要思考。他们会吃很多东西，因为他们的身体需要额外的能量。晚上，他们会喝太多的酒，因为能量被耗尽，他们需要从酒精中得到糖的能量。他们在工作中很少有上佳的表现，也很少能发挥出自己的潜能。在大部分的时间里，他们只是太累了。

改变你的生活

我的一个客户非常成功，他经营着自己的生意。但是他告诉我，他不再那么享受自己现在的工作了，大多数时候他都感到特别疲惫。而且他体重超标，一直嗜酒、暴食。

我问他每晚会睡几个小时的觉。他告诉我他强迫自己每晚只睡 5 ~ 6 个小时，为了能有更多的工作时间。我告诉他，他正把自己放置于一个永不停歇的跑步机上，用于工作的时间越来越多，会使他变得越来越疲惫，取得的成就越来越少，进而失去对工作的热情。我建议他从现在开始约束自己每晚 10 点上床睡觉，每晚至少睡 8 个小时。

这对于他来说是一个新奇的想法。他曾劝服自己相信"成功人士睡得更少，把更多的时间用在工作上"。但是，他听从了我的建议。90 天以后，在我们接下来的训练会上，他告诉我他规定自己开始早睡，每晚睡足 8 个小时。他说一周以后，他感觉自己像是从沉睡中醒来，从迷雾中走出。

他没有意识到自己有多累。但是，当他每晚睡 8 ~ 9 个小时的时候，他拥有了更多的能量。结果，他吃得少了，因为他不再需要更多的食物能量来使自己在白天保持前进。90 天里，他瘦了 16 磅（约 14.5 斤）。

他说，早睡彻底改变了他的生活。在接下来的一年里，他的收入也翻了三倍。他花费更多的时间待在家里，把周末用来休息，与家人共度长假，同时赚到了比他做梦能想到的更多的钱。他减掉了更多的体重，并最终达到了理想的体重。

保证你的假期质量

有一些方法可以保证你不会在周末或度假的时候回到工作中。你可以向他人承诺，比如你的配偶、孩子以及朋友，告诉他们你每周都会贡献出一整天来陪伴他们，做他们想做的事。一旦你向他们做出了承诺，保证会花时间与他们在一起，你就很少会食言。

你可以向自己承诺，你将停止忙碌的工作，并且，你在休息和放松日只会放松自己。你可以看报纸、看电视、散步或者进行其他体育活动，还可以看电影、出去吃晚饭或者拜访朋友，总之，你必须拒绝做任何形式的工作。你可以用你那超凡的想象力来使自己一整天保持活力，不做任何让精神压力上升的脑力工作。

你应该曾经听过这样一句话，改变是很好的休息，这基于一项研究。该研究表明，人们实际上拥有三种形式的能量——精神、情感和身体。如果在一周的工作中，你燃尽了自己的精神能量，那么你可以通过体育活动来使自己的大脑再次充电。通过这种方式，你为你的精神能量提供了一个充电的机会。

你如果正处于情感耗尽的状态，那么要确保自己得到更多的睡眠。试着通过一场体育活动，甚至是一次散步来得到完全的休息，给自己一个再充电的机会。

让休息和放松成为一种生活方式

除了每周腾出一整天来休息，完全不做任何脑力工作，你应该每隔 12 个月就计划一次与配偶或伴侣一起度过的为期三天的假期。但是，为了使这些短暂的假期效益最大化，在离家的时候，你需要有两个整晚的睡眠。

我住在圣迭戈，我的妻子和我经常开车去棕榈泉（Palm Springs）度过为期三天的周末，开车单程需要两个半小时，我们周五启程，周日下午回来。有时，我们也会采用同一日程表飞往旧金山，在旅馆里度过两个整天，然后出去吃晚餐，仅仅是为了放松。这些被证明是我们生活中最愉快的时光。

此外，设定一个目标，每年休假两周、三周或者四周。在休假期间，你可以偶尔查阅邮件，确保没有紧急事件发生，但一般而言，你要把一切事情都放下。

如果你在很紧张地生活和工作，那么你需要三天或者四天，甚至五天的假期来减压，才能让自己完全放松。在那之前，你的精神仍然是在跑步机上奔跑，思考你的工作和那些你离开的时候可以做的事。

在这段解压期间，你必须约束自己忙于工作以外的事情。关掉电脑，出去转转，散步，外出吃晚餐，去观光。就是不要工作，直到对工作的强迫感最终消失——它最终会消失。

家庭度假

拥有长假期的想法并不容易实现。我直到 30 多岁的时候才有了第一次为期两周的假期，而且我为不能在整个假期中工作而感到惭愧。但是从长远来看，我真的很享受那段经历。

第二年，我们度过了另一个长假，自那以后，我们每年都会花很长时间去度假。在开始的时候，我要至少花三天才能停止进行思想上的踏步，才能停止思考我留下的工作。如今，随着时间的流逝和我的工作安排日益紧凑，这个过程需要我花费一整周的时间。在那之前，我不得不与难以抗拒的打开电脑的欲望以及和世界上的其他人交流的欲望做斗争。这种情况也会发生在你的身上。

记住，你每日、每周、每月、每年花费越多的时间来让自己得到充分的休息，当你返回到工作中时，你就会越有效率。有时，当你正在度假的时候，你可能会想到一个好主意，它可能会让你省去一年甚至五年的努力工作。但你必须创造休息的时间来让这种灵感出现。

提前安排好假期

有一个伟大的技巧，它成为我的"生活改变者"已经 30 多年了。那就是：在每年的 1 月份，为当年的休息和假期做一个时间表。将你每周要休息的日子做上记号，接着打电话预定假期，并交一笔不可退还的押金。一旦你交了不可退还的押金，你就等于做了一个承诺。你几乎不会错过一个已经预付过钱的假期。

每年的圣诞节，我和妻子带着全家人去夏威夷进行为期三周的度假。我们居住的复式楼房非常受欢迎，在 12 月和 1 月总是处于完全被订满的状态。因此，他们需要顾客在 1 月 5 日的时候交一笔预存款，以便为你保留你想入住的公寓；4 月 1 日以前预订需要预付全款的一半；4 月 1 日～6 月 1 日预订需要付全款。并且，这些款项是不可退回的。30 年了，我们从来没有错过一次这样的家庭度假，我们从没有错过一天。你也会跟我们一样。

休息和娱乐的时间是你生活中最重要的时间之一。很多绝妙的想法，那些能让你成功甚至变得富有的想法，会在你度过一段身心完全放松的假期之后找到你。开拓出使你可以得到完全放松的时间是一种利用时间的最重要、最有价值的方式，它可以让你的生活和未来发生翻天覆地的变化。

> **行动练习**
>
> 1. 今天就下定决心,你要在生活中创建一个休息和放松的时间表,来确保你在工作中有优异的表现。
>
> 2. 在新年伊始就计划你的假期时间表,然后围绕这个时间表落实你的工作职责。
>
> 3. 在一年的早些时候就为你的假期进行预订和预付,以确保你不会取消或延迟你所需要的休息和放松时间。

| 第十章 |

安静的时间

> 怀揣崇高的梦想。当你有梦想的时候,你就会实现它。你有什么样的理想,你自己将来就有什么样的作为,你的理想就是对自己人生的预测。
>
> ——詹姆斯·艾伦
> (James Allen)

那些你独自度过的安静的时光，将会成为你生活中最重要的时光。这种特殊的时间包含了精神发展、正念、沉思、孤独和冥想。这些方面的日常练习将会以非常不可思议的方式改变你的生活。

精神发展

人类最崇高的理想是且一直是达到内心的平静。通过衡量你与自己及与他人和平共处的时间的百分比，可以决定你在生活中表现得如何。

纵观历史，全世界的人们发展出各种各样不同的宗教和精神传统。在这个过程中，人们都是在寻找某种比他们自身更高大、更伟大的事物，以及一些他们可追求的最高价值观或信仰。这些信仰的最终目的便是帮助指导及直接指引人们通向更高层次的幸福、快乐和内心的平静。

精神发展能比其他任何活动带给你更多的平静和愉悦感。除了其他事情，精神发展需要你定期进行正念练习。简单来说，正念就是当你约束自己而变得完全安静下来，意识到你自己和你所处环境时进入的状态。

精神发展的运用

精神发展需要结合、伴随着对反思的学习——你要反思如何将这些理念带进你的生活中。

亚里士多德曾写道："智慧是经验与反思的平等结合。"不断的忙碌、电子设备的干扰、电视和社交，所有这些都让我们的头脑变得繁忙，以至于我们很少有时间真正停下来思考我们正在做什么，或者我们的周围真正在发生什么。

当你如此繁忙以至于没有花时间去反思你在生活中的经历时，你就不会有所学习、成长，以及发展出作为一个完全成熟、完整运转的人所需要的智慧。

你花费越多的时间去思考和反省试验，你的学识和才智就会越深厚。最终，你会发现自己能做出更好的决定，犯更少的错误。

正念需要约束自己停下来并定期进行思考，思考你正在做的事以及你是采取何种方式做这件事的。幸运的是，你随时随地都可以放慢脚步来进行正念练习。

正念让事情变得简单

关于正念、集中精神以及让你的思想完全平静下来，这里有一个简单的技巧，叫作"停止思考"。

要想获得停止思考、摒除杂念的能力，你需要将焦点和注意力从日常的生活转移到类似于呼吸这种简单的事情上。

由于你一次只能思考一件事情，所以当你思考呼吸的时候，你会自动停止思考其他的事情，特别是那些可能当时会惹你生气或带给你压力的事情。

当你能够让自己的头脑忙于别的事情时，思考其他的事或什么都别想，可以将消极的事情关在你的生活之外。负面事件或负面思想的重要性开始逐渐消退。有时，它们会一起消失，就像消失在一间大房子里的香烟烟雾一样。

这里有一个呼吸的技巧，通过它你可以停止思考，使头脑保持冷静，并提高你的正念层次。这个技巧就是将手放在膝盖上方静静地坐着，手不要碰触到膝盖，然后吸气，数到7。深呼吸，尽可能深地吸气，与此同时数到7。

随后屏住呼吸，慢数到7。最终，呼气，数到7。每当你有压力或生气的时候，或者在去做重要事情之前，比如一场会议或展示前，你就像这样做 7 次完整的练习。

这个 7—7—7 呼吸法将会引发你大脑里内啡肽的释放。内啡肽被称作天然的快乐药品，极少量的这种激素就会使你有一种平静的感觉，一种头脑清晰的感觉。你会变得更开心、更有创造力。

记住你自己

形而上学思想家彼得·邬斯宾斯基（Pyotr Ouspensky）教授了一种"自我记忆"的方法，作为一种让自己定心并提高自我意识的方式。邬斯宾斯基讲解道，我们拥有成百上千种思想，它们流经我们的大脑，汇聚成无尽的意识流，就像一条河一样。这个无尽的意识流使我们陷入一种"清醒睡眠"模式，在这个模式中，我们几乎是自动运作的，经常意识不到我们周围的环境。

每个人都有这样的经历：他们走上车，然后开车去工作，但并不记得途中的任何一件事。你的大脑在这期间陷入沉思，你用自动驾驶模式开车到公司，不假思索，因为在此之前，你已经无数次地驶过这条路了。

只有当意想不到的事情发生时，比如撞到一块冰上或者差点出交通事故的时候，你才会猛然惊醒。就在那时，你完全意识到自己和你周围的环境。不过，一旦那个时刻过去了，你会再一次回到"清醒睡眠"模式。

在《圣经·新约全书》中，耶稣说道："醒来吧，所有沉睡的人。"这是为了鼓励人们要更多地思考和察觉，更加注意他所说的话的含义，而不要陷入那种大多数人处理信息时的机械反应状态。

为了体验正念和自我记忆，你可以简单地说一句"我在这里"。当你说出这些词的时候，看看你的周围，就像你第一次凝视你的世界及其周围的事物一样。你要注意围绕在你身边的所有事物的细节。设想，将你周围的环境描述给一位盲人或者电话里的人，他从来没有见过也没有进入过你所处的环境。当你这么做了，你就能看到更多，与之前相比，你会对你的世界更加敏感。

日常生活中的正念

大多数人不假思索地快速吃饭，他们很少关注自己的食物或周围的场景。但是，你可以把吃饭转变成一种用心的体验。当你吃饭的时候，你可以慢下来，观察用餐体验中的细节以及房间的各种功能。你可以观察你所处的环境，观察桌子、盘子、餐具及杯子摆放的方式。

当你吃饭的时候，你可以慢慢地、细致地、谨慎地咀嚼。你可以花点时间彻底地咀嚼食物，品尝不同的味道，感受每一小口带来的享受。你要注意食物的香料、气味以及不同的口感，就像你是第一次品尝或最后一次品尝它一样。

通过简单地在一个日常活动中慢下来，当你移动的时候观察自己，你可以显著地提高自己的正念能力。例如，若你只是在行走的过程中放慢速度，你会立即意识到自己的动作。实际上，你在更好地进行"自我记忆"，你会更清楚地认识你自己和你周围的世界。你会想："我在这里。"

当你在任何活动中都慢下来的时候，比如洗碗的时候、刷牙的时候甚至翻阅报纸的时候，你会立即体验到对行动的高度认识，并对你所处的环境更加敏感。

练习用正念来解决问题

每当你有任何问题的时候，你可以练习独处，通过保持沉默来找到解决办法。你可以坐在一个舒适的、没有吵闹和干扰的地方，让你的头脑完全放松。

在你的大脑停止全速运转，停止思考那些在日常生活中发生的事之前，你可以先用25~30分钟的时间来静坐。完全沉默30分钟，你的大脑会彻底镇静下来，你将有一种了不起的平和的感觉，你将开始用更清晰的思路看事情。并且，当你静静地坐在那里，保持沉默的时候，那些最重要的难题或问题的准确答案将会浮现在你的脑海中。

这是因为静坐会刺激你的超意识活动,当难题或问题的答案出现的时候,它会变得简单且有条理,会解决问题或困难的每一个细节。并且,它给出的解决方案会是完全在你的能力范围之内、可以被立即落实的。

每当你练习独处的时候,内在的平静而微小的声音会更清晰地与你交谈。总有一天,这个安静的声音会变得更大声、更铿锵有力。它会运行得更快,精确度更高。这种对你直观感觉的发展是时间利用的最好方式之一,同时是精神发展的关键。

思考水

对你来说,另一种触发超意识力量以及开发自己更高层次的精神性的方式是,思考一下水。因为水在人体中的占比是 70%,各种形态的水对我们都有着自然亲和力,特别是水体。每当你挨着水体安静坐下的时候,你的大脑会很快变得平静且清晰,你的直观感觉开始流动,就像一条河一样。

如果你不挨着水,你可以想想某一个水体。你可以思考湖泊或海洋,甚至只是一条安静的溪流,里面的水在你面前发出潺潺的流水声。用这种方式来思考水,可以让你的大脑得到放松,进而刺激想法和深刻的见解融入你的现状。

即便你只是坐在一个游泳池旁边保持沉默，注视着你面前的水，这种行为对你的思想和情绪也有镇静作用。

冥想的练习

每天，全世界有数百万人在练习冥想，有时一天会练习好几次。

在冥想中，你闭着双眼静坐，深呼吸，集中注意力在横膈膜上，也就是肺和胃之间的地方。

很多冥想者都使用一种祷语，即一个简单的词或句子，比如平和、爱或宁静，他们重复这些词直到进入一种和谐、幸福的放松状态。

冥想者经常坐在一个黑暗、安静的屋子里，面前摆上一根蜡烛，他们将精力集中于呼吸上，整个过程持续 20～60 分钟。现在甚至有一个应用程序，可以显示出一根燃烧着的蜡烛，你可以依此而坐，看着它帮助你进行冥想。

精神放松的另一种方法被称作"行走冥想"，最好是由你自己在大自然中完成。你可以在你的社区周围或者去附近的公园行走；你可以在树木中穿梭，或是沿着海边漫步。当你自己安静地坐下来的时候，你不仅会得到放松，同时你的创造力也得到了提高。

不过，并不是所有人都能进入冥想状态。有的人更愿意静坐并向外看，不受干扰或中断。这被称作沉思，即双眼睁开，让你的思维自由浮动，并不试图控制自己的思想。不管是冥想还是沉思，都能为你带来你一直寻求的平静或是一直在寻找的解决方法。

巨额回报

法国作家帕斯卡尔（Pascal）曾说过："人类所有问题的根源在于人们没有能力安静地自己坐在一个房间里。"

当你的生活中拥有了正念、独处、冥想和沉思时，你会变得更加幸福、健康，更好地控制你自己和你的情绪。

好消息是，冥想、沉思和独处是纯粹有益的行为。它们中的每一个都会降低你的燃点，减少你的压力，让你在面对日常问题时更加放松、更有弹性。

人们从用心生活中受益，拥有更大程度的清醒和机敏，高度的自我控制能力，以及更大的个人力量。他们拥有较低的血压、更少的压力、更好的睡眠、更加健康的身体以及其他美好的事物，包括更轻的体重。

现在就下定决心吧，每天花费几分钟（刚开始时可能仅仅五分钟）来完全静坐，保持安静，没有任何干扰，仅仅让你的思绪平和地飘动。思考你的呼吸或者水。从你第一次练习正念开始，你就会更加灵敏和清醒，你会对自我和你的世界感觉良好。

> **行动练习**
>
> 　　1.定期进入沉默状态，如果可能的话，一天一次。练习独处，与你更高层次的力量相协调。
>
> 　　2.练习正念，当你吃饭、工作、与他人谈话的时候，你可以慢下来增加你的意识感。
>
> 　　3.每天花费几分钟练习冥想，当你安静地坐下的时候，紧闭双眼，让你的思维像一条安静的小溪一样流动。

总　结

你能做得最有价值且最重要的事就是思考。你思考的质量，尤其是对时间的思考，决定了你的生活质量。不断地暂停，并自问：对于我来说，在这种情况下应该使用的最合适的时间是哪种类型的？

在你做出回答或反应前，如果你能花点时间来思考的话，你总会做出更好的决定，得到更好的结果。

祝君好运！

博恩·崔西